授業や学級づくりを「ゲーム化」して子どもを上手に乗せてしまう方法

友田 真 著

今月のMVP係は…
ハッピーバースデー係！

エッヘン♡

パチパチパチパチ

黎明書房

推薦のことば

　私が「ゲーミフィケーション」という言葉を知ったのは，本書の著者・友田真氏の講座を受けた時です。2016 年 7 月 23 日（土）のことですね。

　聞いていて，すごい！　と思いました。
　私の実践は，全て「ゲーミフィケーション」の文脈で説明できるからです。

　たとえば，私は，拙著『策略　ブラック授業づくり──つまらない普通の授業にはブラックペッパーをかけて──』（明治図書）81 ページで，次のように書いています。

> 　写し終わったら，鉛筆を置きなさい。速く書けた人が，エライです！

と指示するといい。

> 　「○○した人が，エライ！」という，指示は有効だ。
> 　これを加えるだけで，はっきりとゲームになる。

さらに，83 ページで，次のように述べています。

> 　私は授業は全てゲームにできるのではないかと考えている。いや，ゲームにしたいと目論んでいる。

「ゲーミフィケーション」の考え方を取り入れることで，私の授業は，さらにゲーム化できると思います。「ゲーミフィケーション」に，その可能性を感じます。

もちろん，授業だけではありません。

たとえば，「トイレスリッパ　名前呼ばれ隊」の実践です。

私の勤務する学校では，毎日トイレのスリッパ調べが行われています。そして，トイレのスリッパが揃っていた学年が男女ごとに発表されます。

しかし，私が担任する4年生は名前を呼ばれません。そこで，次のようなルールを学年で決めました。

---

① 　20分休みと昼休み，交代でトイレのスリッパの見守りをします。

② 　5日連続，お昼の放送で「4年生」と呼ばれれば，「名前呼ばれ隊」は解散。（男女別）

③ 　2日連続，「4年生」と呼ばれなければ，「名前呼ばれ隊」は復活。

休み時間をつぶしてトイレを見守るなんて，絶対嫌に決まっています。そこで，スリッパをきちんと揃えれば，休み時間がある。揃えなければ，休み時間が奪われる。非常にシンプルなルールでゲーム化しています。これも，「ゲーミフィケーション」の考え方を活かしていることに気づかされますね。

蛇足になりますが，こういうキャンペーン的な実践は，ずっと続けるべきではありません。

しかし，何も手を打たないよりは，マシ。リーダーである教師は，子どもたちを変える効果のある実践をするべきなのです。

事実，私の担当する4年生は，全校で一番，トイレのスリッパを揃え

る学年になっています。

私だけではありません。

実は，「ゲーミフィケーション」の説明を聞いて，真っ先に思い出したのが，名人・野口芳宏氏の授業です。

たとえば，野口氏の授業では，全員が参加することが保証されています。傍観者であることは許されません。これは，「ゲーミフィケーションの６つの要素」（東京工科大学准教授・岸本好弘氏による。詳しくは，26ページからの友田氏の解説を参照）の「①能動的参加」に当てはまるでしょう。

また，野口氏の授業では，発問の後，「教師の解」が明確に示されます。これによって，子どもは「自分の解」が正しかったのかどうか？すぐに分かります。これは，「②即時フィードバック」に当たるでしょう。

「③称賛演出」も，そうですね。野口氏の授業は，ほめ言葉に溢れています。

必ず「自分の解」を書き，発表することが求められるのは，「④自己表現」です。

「○か？ ×か？ 書きなさい」に代表される指示は，２択という選択肢を設けることで，どの子も参加しやすくなっています。こうやってハードルを下げることは「⑤達成可能な目標設定」を作っていると言えるでしょう。

さらに，野口氏の授業では，「向上的変容」が求められます。１時間の授業を受ける前と受けた後で，子どもが成長を実感できないような授業はダメなのです。これは，まさに「⑥成長の可視化」ですね。

非常に粗い分析です。しかし，野口氏の授業が「ゲーミフィケーション」の要素を持っていることは感じていただけたことと思います。

　野口氏だけではありません。名人と言われる人たちの優れた実践，優れた授業には，「ゲーミフィケーション」の要素を見いだすことができます。
　逆に言えば，「ゲーミフィケーション」の要素を取り入れれば，優れた実践，優れた授業ができるということだと思います。

　読者のみなさんも，本書を読んで「ゲーミフィケーション」を自分の実践，授業に取り入れてみてください。子どもたちが大喜びで授業に参加することを実感できるはずです。

　私も本書を読んで，意識して「ゲーミフィケーション」を取り入れていきたいと考えています。

　　2018 年 1 月 8 日

　　　　　　　　　　　　　　　　　　　　　　中村健一

はじめに

　教育界の神様・野口芳弘先生が授業をされるので，参観に行きました。これまでも，講座などでお話を伺っていました。しかし実際に子どもたちの反応を見て，授業を進められる様子は，学ぶことばかりでした。

　2年生の子どもたちへの「スーホの白い馬」の授業でした。野口先生の発問や指示などに対して，子どもたちはどのように反応するか教室の前方から見ていました。

　野口先生が行っておられた授業はというと，「スーホの白い馬」の冒頭部分に，「中国の北の方，モンゴルには」とあります。そこを範読された後に，「モンゴルというのは，中国という国と同じだと思う人はノートに○を。モンゴルと中国は違うと思う人はノートに×を書きなさい」というものでした。

　ノートに書いたかを確認をされた後に，「×を書いた人は，手を挙げなさい。そして挙げた手をゆっくり頭の上に置いて，よくできたと頭をなでなさい」と言われました。その瞬間，子どもたちは大喜び。○と書いていた子も，自分の答えが違ったと分かり，「中国とモンゴルは別の国なのだ」ということがはっきりと分かっていました。

　さらに授業は進んでいき，「広い草原が広がっていました」という文章の「草原」で読みをとめられました。そして，「草原は，そうげんと読むのか，くさはらと読むのか」と問われました。ここでも，ノートに自分の考えを全員に書かせ，正解を伝えられました。

　私の目の前に座っていた子は，この「草原」の正しい読みを野口先生

が言われた直後に、「これ授業というより、ゲームじゃないか。楽しい」と呟きました。

　野口先生の授業には、たくさんの学ぶべきポイントがありました。まず、子どもたちは脳から汗が出るくらい考えていました。（もちろん脳の中は見えませんが。子どもたちはそう思わせるくらいのやる気でした。）つまり、子どもたちが主体の学びです。次に、その場で正解・不正解を明確にされます。正解している子は大いにほめ、違った子もユーモアを交えながらフォローをしておられました。さらに、正解・不正解が明確になるので、「おっ、今度はできたね」などの成長も明確になります。

　野口先生の授業の学ぶべき点をまとめている時に、その時読んでいた「ゲーミフィケーション」の本に書かれていることが、頭の中で結びつきました。
　「これだぁ」と私は思わず、声が出てしまいました。
　「ゲーミフィケーション」とは、人を惹きつけ楽しませるというゲームの持つ魅力的な要素を、顧客とのコミュニケーションに役立てようとするビジネスにおける考え、方法です。
　その考え、方法を教育に生かそうというわけです。

　子どもたちは、「ゲーム」が大好きです。子どもたちだけではなく、大人もです。「ゲーム」には、人を惹きつける魅力がたくさんあります。そのゲームに隠されている魅力を、授業づくりや学級づくりにも生かしていけば、子どもたちはさらにやる気になると考えまとめたのが、この一冊です。
　なお、教育とゲームの関連性を追究するにあたり、岸本好弘氏のご著

書『ゲームはこうしてできている』(ソフトバンククリエイティブ株式
会社，2013年)を参考にさせていただきました。特に，「ゲーミフィケ
ーション」の定義及び「ゲーミフィケーションの6つの要素」からは多
くの示唆をいただきました。ここに深く感謝いたします。

　少しでも「ゲーム」の持っている魅力を授業・学級づくりに生かすこ
とで，子どもたちの「やる気に火がついて」くれることを願っています。

　私にとって今作が，2冊目の単著になります。処女作『子どもたちの
心・行動が「揃う」学級づくり』(黎明書房)を出版したことで，多く
の出会いがありました。
　今作を出すことで，また多くの方との出会いがあることを楽しみにし
ています。

　出版にあたり，中村健一先生には，企画段階から多くのご意見ご指導
をいただきました。また，黎明書房の武馬社長をはじめ，多くの方のご
指導により出版をすることができました。ありがとうございます。

　2018年1月

友田　真

もくじ

第5章　ゲーム化で沈滞した学級を　　子どもが乗ってくる学級にする　103

第1章 学校生活をゲーム化して子どもを乗せる

1 子どもたちはゲームが大好き

子どもたちは，ゲームが好きです。いや，大好きです。

宿題に関しては，「先生，昨日習い事が忙しくて帰るのが遅くなって，する時間がありませんでした」などと言い訳をする子でも，よく聞いてみるとゲームはしていることが多々あります。時間がなかったと言いながら，ゲームには，寝る間を惜しんで取り組んでいるのです。

我が学級の子どもたちに，アンケートを行いました。「1週間の中で，家庭でゲームをする人？」と尋ねると，9割以上の子どもが手を挙げました。しかも，どこか誇らしげです。さらに，「ゲーム機を持っている人？」と尋ねると，ほぼ100%でした。

また，私の学級では誕生日の子は，学級のみんなからインタビューをされます。その中でよくある質問が，「誕生日のプレゼントはなんですか？」です。答えは，「ゲームのカセットです」がほとんどです。「本を買ってもらいます」などと答える子がいると，拍手が自然とおこるほどです。私の学級が特別ではなく読んでくださっている皆さんの学級も，大差ない状況でしょう。

それだけ，子どもたちはゲームが大好きだと思います。

ここまでの「ゲーム」は，ゲーム機を使ったものを意味していました。

　子どもたちは学級で行う構成的グループエンカウンターなどのようなゲームも大好きです。

　私が教師になって2年目の時でした。社会科の授業の終盤に，確認のミニテストを行いました。「それでは，ミニテストをします」と言った瞬間，子どもたちは「えっ〜。また〜」と拒絶反応です。「でも，大切だから」と言いながら，子どもたちに嫌々取り組ませたことを覚えています。

　3年目になり，私も少し賢くなりました。社会科の終盤に確認のミニテストを行うというスタイルは，変わっていません。「それでは恒例の，確認ゲームです」と言うと，子どもたちは，「よっしゃ。今日も全部正解するぞ」という喜びの反応です。

　それだけ，子どもたちはゲームが大好きです。

　3年目のエピソードでもう1つ。帰りの準備を，ゆっくりゆっくりするAくんがいました。何度「急ごう」と注意しても，気にすることなくマイペースです。しかし，ある時「今日は帰りの会をして時間が余ったら，ゲームをして帰ろう」と子どもたちに話しました。するといつも

ゆっくり片づけをするＡくんが,「急ごうや」とみんなに呼びかけているではありませんか。ランドセルなど自分の帰りの準備を終えて,トイレに行っている子に,「早く教室に戻ってきて。帰りの会が始まるよ」と廊下に出て声をかけています。いつもは,周りの子に注意されても聞く耳持たずのＡくんが,立場が逆転してみんなに声をかけていたのです。

　Ａくんのおかげもあって,帰りの会が早く終わりました。そしてゲームを行い,笑顔で帰ることができました。

　このように「ゲーム」という言葉は,子どもたちにとって魔法の力を持っています。

　つまり,それだけ子どもたちはゲームが大好きだということです。(しつこいですね。)

2　ゲームの魅力

　宿題をする時間はなくても，子どもたちは寝る間を惜しんでゲームをします。また，「ゲームをする」と聞いただけで子どもたちは短時間で帰る準備をします。そんなゲームの魅力とは，何なんでしょう。

　子どもたちに尋ねてみました。「時間がなくてもなんでゲームはするの？」と聞くと，「楽しいから」という答えが返ってきました。「でも，負けることもあるじゃん。いやにならないの？」と聞くと，「負けてもまたやりたくなる」と口を揃えて答えます。

　このようにゲームは，楽しくやる気にさせる力を持っています。そして，ゲームには子どもも大人もワクワクさせる力があります。

　実はゲームの持っている魅力は，様々な場で活用をされているのです。

　大学生の時アルバイトをしていたカフェのトイレの小便器には，氷が入れてありました。トイレに行くたびに，気がついたら氷めがけて尿をしています。自分の尿で氷が溶けていくのが楽しくてなりませんでした。できるだけ氷をたくさん溶かしたいがために，少し我慢をしてトイレに行っていたほどです。

　これも，ゲームの持っている魅力を活用した一例です。お店側は，氷を置くという単純なしかけで，他の場所に尿を散らすことを防げます。もちろん，匂いを防いだり，おしゃれ感を演出したりすることもねらってはいます。しかし，トイレの利用者は，氷があるだけで的ができ，それを溶かす楽しみがうまれます。トイレに行くことが，ワクワクするものになります。氷ではなくても，次ページのような的のシールを目にした人は多いと思います。シールがあるだけで，「気づいたらねらってい

た」という経験が，読者の方にも
おありだと思います。

　私の車にはエコドライブ診断機
能がついています。自分自身のエ
コドライブ度を診断して，運転を
終えると結果を教えてくれます。
それだけで，急発進をしないよう
にしたり，ブレーキを踏むタイミングを考えたりします。
　これも，ゲームを取り入れた一例です。

　私たち教師も，研修の際に講師の先生が「それでは少しゲームをしま
す」と言われるだけで，ワクワクします。
　ゲームは，子どもたちも大人も，楽しくワクワクさせる魅力を持って
います。その魅力を，授業や学級経営に生かせれば，もっともっと子ど
もたちのやる気を引き出すことができると思います。

3　ゲーム化の効能

　（ゲームの持っている魅力やゲームに惹きつけられる要素を，他に取り入れることを「ゲーム化」と呼ぶことにします。）

　私は，授業や学級経営を「ゲーム化」することのよさを大きく3つ考えています。
- (1)　子どもたちのやる気を引き出すことができる
- (2)　子どもたちが楽しくなる
- (3)　子どもたちが大きな成長をとげる

(1)　子どもたちのやる気を引き出すことができる

　子どもたちは「成長したい」と思っています。そして，やる気を持っています。しかし，子どもたちに「学校はいや」「どうせ自分なんて勉強しても」などと思わせている面があります。それは私たち教師・学校に原因があるのだと思います。

（ある子の成長）
　以前，Bくんという子を担任しました。Bくんは，漢字の学習を苦手にしていました。そして，授業に対しても，「めんどくさいなぁ」という気持ちを持っている子でした。
　宿題の漢字学習をゲーム化（第4・5章で紹介している漢字大相撲や宿題などの実践）したり，授業の態度をゲーム化（第4章で紹介している授業準備や姿勢などの実践）して認めたりしていく

うちに，漢字の学習も授業も前向きになっていきました。そして，「漢字の確認テストをする」と言うと，「ぼく，いつも20点くらいなんだ」と話しに来てくれました。そして，「覚えられないし，苦手だし，いつもやっていなかったんだ。でも，今楽しくなってきた」と語ってくれました。

　そして，テストを行うと62点でした。テストを返した後の休憩時間に私の所に来て，「先生，初めて50点以上が取れた。ぼくもっと頑張るね」と言ってくれました。点数としては，決してよい点だとは言えません。しかし，この子にとってやる気に火がついた出来事でした。そして，学年末の漢字テストで86点を取りました。

　授業に対して後ろ向きだったり，自分に自信を持てなかったりする子は，多くいます。そんな子も「できるようになりたい」と願っていると信じています。

　心の奥にあるやる気に火をつける1つのきっかけを，「ゲーム化」によってつくることができるのです。

(2)　子どもたちが楽しくなる

　教師は，子どもたちに多くの指示をします。子どもからすれば，「〇〇しなさい」などと言われることばかりです。特に規律などに関しては，教師からの叱る指導が多くなりがちです。

　例えば，朝のあいさつ。「おはようございます」と気持ちよくスタートするはずが，「声が小さいやり直し」などと指導の場面になり，「まだ小さい」と教師の指導が続いていきます。そして次の日も，「昨日もやり直しをしたよね」などまたまた指導です。

　このように言われて，子どもたちはやる気になるでしょうか？　私ならむしろ，「なんかいやだな。めんどくさいなぁ」と思ってしまいます。

　例えばこのあいさつも，ゲーム化をします。大きな声を出させたいのであれば，「先生とどちらの方が大きな声であいさつができるか勝負ね」と言います。そして，あいさつをして私の方が大きいと思えば，「いやぁ，勝たせてくれてありがとう」と笑顔で言います。次の日も小さな声であれば，「今日も勝たせてくれて気分がいいなぁ」と言っておきます。すると子どもの方も，「くそっ」とやる気が出てきます。そして，楽しみながら，あいさつをすることができます。繰り返すうちに，「大きな声であいさつをする」という目標に，楽しみながら近づいていきます。

　上記のあいさつの例だけではなく，子どもたちの大好きな「ゲーム」の要素を取り入れるだけで，叱ることの多くなりがちな規律などの指導も，楽しみながら行えます。詳しくは，あとの章（第4，5章）で!!

〈ある子の成長〉

　Cさんは，発表することが大の苦手でした。以前間違えた時に笑われたことが，トラウマになっているそうです。

　私は，クラス全員1時間に1回は発表させます。しかし，「やり

なさい」と言っても，やりません。また本当はやりたい気持ちがあっても，勇気が出ない子もいます。

　そこで，「この時間で1回でも発表したら，達成賞でシールをあげます」と言って授業をすることがあります。授業の終わりに，「達成した人は，起立。シールをとりにおいで」と言います。それでもCさんは発表できないこともありました。シールだけではなく，「今日は，隣の人とどちらが手を挙げられるかゲームね」と言って授業をすることもあります。

　「ゲーム」ということもあり，やる気になっている子がほとんどです。そして，集団心理として自分以外の子もやっていたら，「やろう」という気持ちになります。

　発表をゲーム化していくうちに，Cさんは発表することが当たり前になっていました。

　そして，1年の最後の参観日に書いた「1年の成長」と題した作文で，「発表すること」を大きな成長として挙げていました。さらに，「発表することが楽しい」と言ってくれました。

作文

　これも，ゲーム化の効果の1つだと思います。無理やり発表をさせていたら，Cさんは発表に対して「楽しい」とは感じられなかったかもしれません。

(3)　子どもたちが大きな成長をとげる

　ゲーム化すること，即ち外発的動機づけで，子どもたちのやる気は高まります。Cさんのようにはじめはシールをもらうために発表していた子も，気がついたら発表ができるようになっていたり，それを「楽しい」と感じたりすることで，内発的動機づけに変わっていきます。

　何度も言っていますが，子どもたちはゲームが大好きです。ゲーム化された授業が楽しいから，やっている内に，漢字の力がついたり，計算力が高まったりします。子どもたち一人ひとりを成長させるだけではありません。ゲーム化は，クラスを成長させるのにも役立ちます。

（ある学級の成長）

　以前，前年度に子どもたち同士の関係が希薄になっている学級を担任しました。学習面だけではなく，朝の会や係などもゲーム化しました。

　朝，教室に「ミッション」を書いておきます。例えば，「男女10人以上とハイタッチあいさつをしよう」などです。（詳しくは第5章をご覧ください。）子どもたちにとっては，教師からの指示という自然な形で，子どもたち同士が関わる場面を多くしました。

　授業に集中力が増したことはもちろん，休憩になると女子もほぼ全員がサッカーをしていることもありました。その学級でQ-Uアンケートを行うと，学級満足度群が96％になっていました。学力テストにおいても，学年の当初は県平均に対して国語・算数共にプ

ラス 2 ポイントでした。それが，学年の終わりには全国平均プラス 10 ポイント以上になりました。（学年の当初のテストは県内の学力テストのため対県平均。）

　これも，ゲーム化の効果の１つです。ゲーム化することで楽しみながら物事に取り組み，できることの楽しさを実感して，さらにやる気になっていく。これらを繰り返していくうちに，子どもたちの大きな成長につながるのです。

第2章
子どもたちがゲームに惹きつけられる6要素を教育に生かす

子どもたちがゲームに惹きつけられるのは，ゲームにはいくつもの人を惹きつけてやまない要素が兼ね備えられているからだと考えられます。東京工科大学准教授である岸本好弘氏は，次のように「ゲーミフィケーションの6つの要素」を提唱されています。

① 能動的参加
② 即時フィードバック
③ 称賛演出
④ 自己表現
⑤ 達成可能な目標設定
⑥ 成長の可視化

　私は，この岸本氏の6要素をもとに，私自身の実践と結びつけながら教育の場におけるゲーム化について考えてきました。

　このゲーミフィケーションの6要素は，すぐれたゲームが持っている要素とも言えます。すぐれたゲームには，これらの6つの要素がありますので，子どもたちは惹きつけられ，時間を忘れて何時間もゲームに明け暮れるのです。

　ですから，このすぐれたゲームの持っている6つの要素を授業や学級経営に活用すれば，子どもたちを授業や学級経営に，ゲーム同様に惹きつけることができるにちがいありません。

　そして，さらに研究を進めるうちに子どもたちを夢中にするすぐれた授業や学級経営には，これらの6つの要素があることにも気づきました。

　ということは，意図的にこれら6つの要素を授業や学級経営に取り入れていけば，子どもたちを授業や学級経営に無理なく楽しく引き込むことができると考えたのです。

　以下，「ゲーミフィケーションの6つの要素」を教育の観点でとらえ直し，教育に生かす道筋について，私の考えを述べます。6つの要素の順序も，教育の観点から一部変えさせていただきました。

1　能動的参加―一人ひとりが主人公―

◯ゲームの特性

　ロールプレイングゲーム，スポーツゲームなど，どんなゲームでも，プレーヤーは必ず自分自身です。自分がゲームをやろうと思わなければ，ゲームはスタートしません。そして，やめようと思った時にやめることができます。

　つまり，全て能動的に取り組んでいることになります。人からゲームをやることを強要されると，楽しくなくなります。自分でやりたい時にできて，自分自身が操作をする。自分が主人公だから，ゲームに惹きつけられるのです。

教育でのゲーム化　一人ひとりが主人公

　アクティブラーニングという言葉が，大流行をしています。一斉授業などで，教師が一方的に説明するだけで，学び手である子どもたちが自ら考えていないことの改善がうたわれています。

　協同的な学習やグループ学習などの充実なども言われていますが，活動があっても中身がなければ意味がありません。協同的な学習なども大切ですが，子どもたちが「能動的に参加する」こと，すなわち「一人ひとりが学びの主人公になる」ことにこそ，意味があります。

　子どもたち一人ひとりが主人公として，学びを進めていくことや学級に参加していくことで，子どもたちのやる気を高めていくことができるのです。

2 即時フィードバック―すかさず評価―

◯ゲームの特性

　ゲームにおいて，キャラクターやプレーヤーを自分の思い通りに動か
すことができます。カー
ソルを右に動かせば，キ
ャラクターは右に動きま
す。シュートを打つボタ
ンを押せば，シュートを
打ちます。そして次の瞬
間には，その操作の成功
や失敗が明確になります。

　これが対人になれば，自分の思い通りになることは少ないです。そし
て，自分自身の言動の成否は，すぐに分かることがさらに少ないです。

　ゲームにおいては，誰から文句を言われることもなく，自分の思い通
りになることが魅力の1つです。そして，その成否がすぐに分かること
に，子どもたちは惹きつけられていくと考えています。

教育でのゲーム化　すかさず評価

　授業などの場面で，我々教師が子どもたちに指示を出すことは多いで
す。例えば，「『大造じいさんとがん』を1回音読しましょう」だとしま
す。

　この指示をさらに細かくし，子どもたちを動かしていくことで，「即
時フィードバック」，すなわちすかさず評価することを効果的に行って
いくことができます。

教師　　「教科書220ページを開きます」

子ども　（教科書を開く）

教師　　「Iくんが早い。しかも，姿勢までいい」「となりのSさんも
　　　　姿勢がよくなったね」

教師　　「それでは，全員起立」

子ども　（起立）

教師　　「今度は，Uくんが早かった」

教師　　「それでは，『大造じいさんとがん』を一度音読したら座りま
　　　　す」

子ども　（読み終えた子から座る）

教師　　「音読している時の口の開き方がよかったのは，Hさんだね。
　　　　そして，Yくんは座った後に黙読をしていたのがいいなぁ」

　このように，指示を細かくし，子どもたちをたくさん動かします。そ
して，子どもたちの行ったことに対してすぐに評価をします。

　指示を細かくすることで，支援の必要な子どもたちにとっても行うこ

とが明確になります。そして，できていることをほめ・認めながら授業を進めていくことができます。

　また，物事が起こったその瞬間に評価をしています。あとで，「さっきのIくん，教科書開くの早かったですね」などと認めても，本人すら忘れています。

　その瞬間に認めることで，「Iくんのように，素早く教科書を開くのがいいことだ」という価値づけを行うことができます。

3　称賛演出―みんなの前で認め・称賛―

◯ゲームの特性

　「またゲームをやりたい」とゲームに対する意欲を高めるのが，称賛演出だと思います。

　例えば，ゴールをすると楽しい気持ちになる音楽とともに花火があがる演出。レベルアップをすると，キャラクターがガッツポーズをするなど，華やかな演出の数々です。

　できたこと，達成したことを認められることは，さらなるやる気をうみます。この達成感があるからこそ，宿題をしないといけないと分かっていても，ゲームをやめることができないのです。

教育でのゲーム化	みんなの前で認め・称賛

　できて当たり前ではなく，できたことをしっかりほめていく。さらには，認めて価値づけていくことは，子どもたちの大きな自信になります。

例えば，そうじを頑張っていたことを賞状にして認めることが考えられます。そうじを頑張ってすることを，その子は特に意識していなかったかもしれません。しかし，賞状を学級全員の前で渡し，認め・称賛することで，その子にとっては大きな自信になることでしょう。

　そして，そうじへの取り組みだけではなく，他のことへのやる気にもつながっていきます。

4　自己表現―自分の立場の明確化―

◯ゲームの特性

　ゲームの中ではキャラクターの特徴を，自分の思い通りに設定することができます。

　例えば，野球ゲームでバッターを育成するとします。その際に，ホームランを量産するバッターを育てたいと思えば，パワーをレベルアップしていきます。アベレージヒッターを育成したいと思えば，ミート力を高めていきます。そうやって育成した選手は，オリジナリティーが溢れたものになります。

　ロールプレイングゲームでも，キャラクターが身につけるアイテムや格好などで，それぞれのオリジナリティーを表現できます。

　ゲームの中に，自分のアイデンティティを表現できることも，ゲームが子どもたちを惹きつける 1 つの要因です。

教育でのゲーム化	自分の立場の明確化

　授業の中で，私たち教師は多くの発問を子どもたちに投げかけます。その際に，子どもたち一人ひとりが考えを持つ前に，すぐに教師が答えを言ったり，次に進んだりしていることはないでしょうか。

私はＡだと思います。なぜかというと…

発問したことに対して，ＡかＢか立場をはっきりさせ考えを持つこと，これも自分自身を表現することになります。立場をはっきりさせることで，たとえ答えが違っても，「なぜだろう」と考えたり，さらに考えを深めたりするきっかけになります。何より，授業自体に参画することが，学びへの意欲づけになります。

5　達成可能な目標設定―スモールステップで目標設定―

◯ゲームの特性

　子どもたちは目標が自分の能力と比べて高すぎると,「やろう」という気持ちになる前に,「自分には無理」と諦めます。しかし,自分と同程度か自分の能力より少し高いくらいだと,「頑張ろう」という意欲が出ます。

　ゲームにおいては,この目標設定が巧みになされています。ステージのクリアや対戦相手などは,自分のレベルと同じくらいか少し高めに設定されています。そのことが,子どもたちをゲームに惹きつけます。

教育でのゲーム化	スモールステップで目標設定

　3 年生に,「6 年生レベルで計算を速くしなさい」と言っても,「そんなの無理だよ」と取り組む前から諦めてしまいます。そして,できなくても,「当然だ」と思うでしょう。

　しかし,「昨日の自分より 1 秒でも速く計算をしよう」という目標

なら，「やってみよう」という意欲になります。もし達成できなくても，
「次こそ頑張るぞ」という意欲につながりやすいです。

　子どもたちの実態に合わせたスモールステップで目標を設定すること
で，意欲が高まります。

　そのためには，子どもたちの能力や気持ちをしっかり見とる教師の目
も必要になります。

6　成長の可視化―振り返りの容易化―

○ゲームの特性

　子どもたちの会話に耳を傾けると，ある子が「レベル何？」と尋ねていました。それに対して，「レベル10だよ。君は？」と返します。そして，「強いね。まだレベル3だよ」と会話が続きます。

　ゲームにおいては，能力や力が「レベル」「ステージ」「ランク」などの言葉で分かりやすいです。能力や力などを数値で表すことで，一緒にやっていない友だちとも共通の尺度として話題にすることができます。

　数値で表されていることで，レベル3がレベル4に上がる喜びを感じ，さらなる高みをめざして取り組もうという意欲につながります。

教育でのゲーム化	振り返りの容易化

　ゲームとは違い，自分の姿や成長を自分自身で見ることは難しいです。しかし現代は，情報機器の発達により簡単に写真や映像で自分の様子を見ることができます。客観的に自分を見ることで，自分自身の成長を振

り返ることにつながります。

　また，子どもたちの言動を点数などで可視化することで，よいのか悪いのかなどが分かりやすくなります。そして，少し前の自分と比べて，80点と言われていたのが100点になったことで，成長を感じることができます。

　テスト以外では，子どもたちの言動がよいのか悪いのか本人には分かりにくいことが多いように思います。それを，数値化や可視化することで振り返りが容易になり，成長を実感しやすくなります。

第3章

名人教師たちのゲーム化された授業・学級経営

1 土作彰氏の「給食当番免許制度」

(1) 土作実践の概要

　土作彰氏は，給食指導に対して著書『授業づくりで学級づくり』（黎明書房）の中で，「子どもたちに『当番』の仕事を与えるなら，当然その仕事をやり遂げることの意味や大切さをきっちり教える必要がある。それをせずに『子どもが仕事をしないので困る』などと言うのははっきり言って教師の怠慢以外の何物でもない。子どもが仕事をしないのであれば，仕事をきっちりやり遂げるようにあれこれ策を講じることである」と述べています。

　土作氏は，給食当番を通して「自らを高め，他を思いやる」という教育哲学を貫徹しようと考えています。そして，「仕事をきっちりやり遂げるようにあれこれ策を講じ」ている取り組みの1つに，「給食当番免許制度」があります。私の学級でも何度も追試をしましたが，子どもたちのやる気が高まる取り組みです。

　「給食当番免許制度」は，多くの学級で行われている1週間交代で順番に当番を行っていく仕組みと大きく異なります。給食当番を行うためにも，免許が必要です。

　その免許を取得するためには，まず「給食当番をやりたい」と立候補をします。次に，仮採用（見習い）の期間があります。その期間に仕事について大まかに学んだり，責任を持って仕事ができるか試したりします。そして本採用できると思われる子だけ，エプロンを着用して，ご飯やおかずをお皿に取り分ける仕事ができる資格（3級）を渡されます。

　採用をされて終わりではなく，「自らを高め，他を思いやる」行動を

している子は，免許の資格のレベルが上がっていきます。例えば，本採用時は給食免許制度3級です。それが，食器の置き方を右利きの子と左利きの子で反対にする思いやりのある行動をしていたり，授業の終了と同時にエプロンに着替え黙々と仕事に取り組んだりしていると，2級に昇格をします。

　級が上がる時には筆記試験も行われます。給食当番を通して学んでいることなどを問い，その答えによって合否がきまります。

　ただ給食当番を「当番」として行っているものとは違い，友だちへの思いやりや働くことの大切さなども学んでいきます。子どもたちが中学・高校，さらには社会人になって経験する資格の取得制度や仕事などにも通ずる「キャリア教育」としての意味も大きいです。

　はじめ子どもたちは，資格を取ることなどをめざして取り組んでいきますが，働くうちに友だちに対する思いやりや仕事を進んですることの大切さなど，物事の本質を学び育っていくのが，土作氏の「給食当番免許制度」のご実践です。（詳しくは，前掲書『授業づくりで学級づくり』などをお読みください。）

(2)　土作実践をゲーム化の視点から考える

①　能動的参加

　給食準備の仕事に対する多くの子どもたちの意識は，「やりたい」というものではないでしょう。「当番だから仕方ない」「できればやりたくない」など，マイナスなものが多いように思います。

　しかし土作氏の実践では，子どもたちが「やりたい」という気持ちになっています。まさに，能動的参加です。

　能動的に参加するからこそ，「もっとこうした方がいい」「素早く準備をするためには，仲間と協力をした方がいい」などの工夫が次々に出てきます。

②　即時フィードバック

　頑張ったら頑張った分だけ，級を進級させることができます。反対に手を抜いていたら，進級できません。自分自身の行いが，成長しているのかしていないのか，子どもたちには明確に分かります。

　ただ，評価者である教師がしっかり見ておかないと評価することは，できません。土作氏のように，一人ひとりをしっかり見つめることが欠かせません。

③　称賛演出

　土作氏は，給食当番をさせることを通じて「自らを高め，他を思いやる子を育みたい」という哲学があるので，子どもたちの姿を見逃しません。

　お汁をお皿に入れるのに，残り少しになるとおたまで掬いにくくなります。その時に，お汁の入っている鍋を傾けて持ってあげる思いやりのある子がいれば，それを見逃しません。動画や写真で撮ったり，再現をさせたりして学級全体に紹介します。

そうすることで，その行為を行っていた子を大いに認める演出になっています。同時に，学級全体で価値を共有することにもつながっています。

また，認定書を学級全体の場で渡したり，エプロンを着用して仕事をしたりしていることは，基準をクリアしていることを認めることにつながっています。

④　自己表現

給食当番は，学級全体のための仕事です。1人ではなく，集団で仕事に取り組むとなると，どうしても「自分がやらなくても……」と人頼みになりがちです。

フランスの農業技術の教授であったリンゲルマンによると，「綱や荷車を集団で引かせる実験の結果，1人の力を100とした場合，集団作業時の1人当たりの力の量は，2人の場合93％，3人の場合85％，4人の場合77％，5人の場合70％……と下がっていき，8人の場合には49％まで減じた。8人で作業した際には，それぞれが半分以下の力しか発揮しなかったというわけだ」（釘原直樹著『腐ったリンゴをどうするか？』三五館，17頁）という分析が行われています。

土作氏は，この考えをもとにしながら当番という集団で見るのではなく，一人ひとりを評価する仕組みを作っています。だからこそ，一人ひとりが他人任せではなく，自分の持っている力を100全て発揮しようと取り組んでいます。

そのため，食器などの置き方を通して友だちへの心配りをする子もいれば，食缶の底にあるお汁を掬うのが難しそうな友だちの存在に気づく子もいます。その一人ひとりの違う気づき，つまり「自己表現」を認め，学級に広げていくから，100の力が105や110などへ成長をしていきます。

⑤　達成可能な目標設定

　免許制度にすることで「3級を取得したから次は2級をめざそう」と明確な目標を立てることができます。2級は，「食器の置き方にこだわる思いやりをもち，素早くエプロンに着替えて黙々と仕事をする」と，基準を明確にしています。そのため，「今の自分はここができていない。そのために，次はこれを頑張ろう」という目標を持って取り組むことができます。

　その目標が達成できたか，できていないか，分かりやすい形で評価をしてもらえます。

⑥　成長の可視化

　給食免許の級が進級していくことは，「成長の可視化」になります。

　「見習い」からスタートをしたのが，「3級」「2級」「1級」と進級していき，クラスでも数少ない「特級」になると，それはうれしいものです。

　名札に，「給食士特級」と分かるようにシールを貼ることは，自分自身のプライドになります。

　土作氏の「給食当番免許制度」の実践は，子どもたちを惹きつけるゲーム化の全ての要素が網羅されており，取り組めば取り組むほど，やる気になり成長していく実践になっています。だからこそ，「給食当番」という活動を通して，他の学級では考えられないような子どもたちの成長を促すことができるのです。

2　中村健一氏の「フリ・オチ・フォロー論」

(1)　中村実践の概要

　中村健一氏と言えば，『子どもも先生も思いっきり笑える73のネタ大放出！』（黎明書房）の著書で知られる教育界の「お笑い」名人です。学習ゲームや子どもたちをつなぐゲームで，子どもたちの心を一瞬でつかんでいく名人です。

　最近では，『策略　ブラック学級づくり──子どもの心を奪う！　クラス担任術──』（明治図書）などのブラック本シリーズが大ヒットしています。

　授業などに，「ゲーム化」を取り入れることで，子どもたちのやる気に火をつけています。

　ここでは，中村健一氏が提唱している「フリ・オチ・フォロー論」に焦点をあてて考えていきたいと思います。

　お笑いは，「フリ」「オチ」「フォロー」から成ります。そして，授業も「フリ」「オチ」「フォロー」から成ると，中村氏は考えています。

　「フリ」＝教師が出す発問・指示など。
　「オチ」＝教師の「フリ」を受け，子どもがする発言，作業など。
　「フォロー」＝子どもがした発言や作業への対応。

　例えば授業の中で，「全員起立」と指示をしたとします。これは，「フリ」になります。

それに対して子どもたちは，サッと起立するかもしれません。一方でダラダラと立つ，もしくは立たない子もいるかもしれません。これは，「オチ」になります。

　子どもたちの行動に対して，「サッと起立して気持ちがいい」とほめたり，「ダラダラと遅いなぁ」と評価をしたりします。これは，「フォロー」になります。

　中村氏は，「フリ」「オチ」「フォロー」の中で，「フォロー」を大切にしています。また，教師は「フォロー」を十分にしていないのではないかとも言っています。

　先ほどの例で言えば，「起立」と指示しておきながら，「早い」も「遅い」も評価が無ければ，子どもたちの様子は変化しません。たとえダラダラとして起立するのが遅かったとしても，「今の起立は，遅いなぁ。やり直しをします。座りましょう」と言い，「それでは，全員起立」と言ってやり直しをさせます。そうすると，先ほどより早く起立をします。そこで，「早くなった。さすがだね」と「フォロー」をします。そうすれば，はじめ「遅いなぁ」と叱った「フォロー」も，「早くなった。さすがだね」というほめる「フォロー」になります。子どもたちにとっては，叱られたというよりも，ほめられたという認識になります。フォローを意識することで，叱ることもほめることに変えることができます。

　また，授業の中で「フリ」「オチ」をしておきながら，「フォロー」がないことがたくさんあります。

　例えば，「これから３分で，写真から気づいたことを箇条書きでノートに書きましょう。数がたくさん書けた方がいいです」と指示，「フリ」をしたとします。子どもたちは教師の「フリ」に対して，休む間なくノートに気づいたことを書いていきます。これが，「オチ」です。たくさんと言われたから，子どもたちはたくさん書いていきます。

そして3分経った後,「それでは,書いたことを発表してください」と進んでいきます。「数がたくさん書けた方がいい」と指示をしたのであれば,「何個書けた」と問い,多く書けた子を認める「フォロー」がいるのではないかというのが,中村氏の言っているところです。ノートいっぱい書いたにも関わらず,特に触れられることなく進んでいくと,「えっ,たくさん書かなくてよかったの」と子どもたちは思うかもしれません。

教師の「フリ」に対して,子どもたちの言動がどうだったのか,「フォロー」をしっかりしていくことで子どもたちがやる気になり力が高まっていくというのが,中村氏の「フリ・オチ・フォロー論」です。

(2)　中村実践をゲーム化の視点から考える

①　能動的参加

まず「フリ・オチ・フォロー」の考え方は,教師中心ではなく子どもたち中心の考え方です。お笑いでいう一番おいしいボケなどの「オチ」は,子どもたちが行います。教師は,子どもたちが「オチ」をやりやすいように「フリ」を行い,さらにやる気になるように「フォロー」をします。教師の「フリ」と「フォロー」により,「オチ」を行った子どもたちが引き立ちます。

②　即時フィードバック

先ほどから,「フリ・オチ・フォロー」とセットで述べています。つまり,子どもの行った「オチ」に対して「フォロー」がセットになっています。

「フォロー」の部分が,「即時フィードバック」になっています。子どもたちが行ったことに対して,「即時フィードバック」がセットになっている辺りが,やはり中村氏の「フリ・オチ・フォロー論」のすごさで

す。

　もし先に挙げた早口言葉で，子どもたちが上手く言えても誰も拍手を
しなかったら，「やってみよう」という気持ちに子どもたちはならない
でしょう。また，間違った後に何の反応もなかったら，「しまった。失
敗してしまった」と落ち込むことだってあるかもしれません。

　そうさせないように，すぐにフィードバックをするからこそ，子ども
たちに「おいしい」と思わせるのだと思います。

③　称賛演出

　①の能動的参加にも関連しますが，子どもたちが引き立つように，
「フリ」「フォロー」を教師が担当をします。子どもが行った「オチ」に
対して，引き立つように教師が「フォロー」をします。そのため，「オ
チ」を行った子どもはいい意味で笑われたり，ほめられたりと必ず称賛
をされます。

　例えば，早口言葉をするとします。「早口言葉をします。テーマは，
『生麦生米生卵』です。3回言ったら座りましょう」と指示をします。
これは，「フリ」です。それに対して，子どもたちがやるのが「オチ」
です。当然うまく言えたら，みんなで拍手をします。これが，「フォロ

ー」であり称賛演出になります。もし「オチ」の段階で子どもが間違っても，「何言っているかわからない」と教師が突っ込みを入れます。そうすることで，学級に笑いが起こり，ある意味間違った方がおいしい雰囲気にもなります。これも，「フォロー」であり称賛演出になります。

④　自己表現

中村氏から伺ったお話です。

「発表が苦手な子がいたら，先に拍手をしてしまう。そして，その気にさせてから，発表をさせる。そして，できたらまた大きな拍手をする。先に拍手をされると，『私はできません』などと言うことが難しくなる」と言われていました。

この例でいうと，先に拍手をすることが「フリ」です。それに対して，発表をすることが「オチ」です。そして，さらに拍手をすることが「フォロー」です。

自信のない子などが，自信を持って「自己表現」できるように「フリ」を行い，さらに「フォロー」をすることで自信をつけていきます。

そのため，1年もすると発表などに対して自信を強めていくようです。

　発表が大好きな子などは，自分が発言をしたことに対して「フォロー」を教師がしてくれるのでさらに自信を持って発表をします。

　子どもたちが，気持ちよく・自信を持って「自己表現」ができるように，「フリ・オチ・フォロー」は機能しているとも言えるでしょう。

第4章 ゲーム化でつまらない授業を子どもが乗ってくる授業にする

1 授業の開始をゲーム化で集中させる

　授業の開始の仕方は，その後の流れ・雰囲気を大きく左右します。気持ちのよい号令，ノートなど道具が揃っている状態でスタートしたいものです。

　授業の開始に使えるゲーム化の例を，紹介します。

1　今日はなんの日？

　私の手帳には，毎日の「○○記念日」が書かれています。インターネットを使うと，過去に起こった事件を知ることができます。

　それを使って，クイズにします。

※兵庫県・俵原正仁先生のご実践を参考にしています。

【やり方】

①　黒板に日にちを書きます。

②　その横に「（　　　　　　　　　）の日」と書きます。

③　3つヒントを出します。例えば，「1つ目は，黒船です。2つ目は，神奈川県浦賀が関係しています。3つ目は，外国人がやってきました」です。

④　分かった子に発表をさせます。

⑤　正解だったら，みんなで拍手を贈ります。

　※ちなみに正解は「ペリー黒船来航の日」（6月3日）です。

【ポイント】

・社会科の時間の始めに効果的です。歴史に関することも多いので，事件の概要などを説明できます。

---

2 公約数は？

授業の前に，今日の授業は第何回目かを板書しておきます。算数科のスタートには，その回数を使って公約数を発表させます。

【やり方】

① 黒板に「No.24」などと書いておきます。

② 号令の後に，子どもたちが24の約数を発表します。

③ 「1」「2」「3」「4」「6」「8」「12」「24」と1人が1つずつ答えます。

④ 全ての公約数を答え終わったら，全員で答えた子に

拍手を贈ります。そして，本時の内容に入っていきます。

【ポイント】

・公約数を求めるのは毎回同じでも，数字が変わります。毎回変化を楽しめます。数字が大きくなってくると，誰も気づかなかった公約数を見つける子が出てきます。全員で大きな拍手をし，その子を認めます。

3　道具の準備 OK ?

　教師はできている子より，できていない子が気になるものです。授業のスタートに，「ノートが出ていない」指導をして，雰囲気を悪くしたくありません。

　ゲーム化により，子どもたちが準備をしたくなるようにします。

【やり方】

①　号令の後，ノートが机の上に出ている子を立たせます。

②　学級全員で拍手をして，称賛をします。

③　どの授業でも①・②のことを繰り返していきます。

④　さらに，ノートが机の上に出ていて，今日使うページが広げてある子を立たせます。

⑤　学級全員で拍手をして，称賛します。

⑥　その後に，「今立っていた人だけ特別，ノートに (◡‿◡) を描いていいよ」と言います。

【ポイント】

・繰り返しどの授業でも称賛をしていくことが，大切です。

・また，全体ができてきた時に，次の一歩を教師が示すことも次のレベルに上がるために大切です。示した目標が，次の達成可能な目標になります。

・「できていた人だけ『特別』」というのは，子どもたちのやる気を高める言葉になります。

・ノートに (◡‿◡) を描くという非日常が，子どもたちの「特別感」をさらに演出します。

4　百マス計算

　私は，百マス計算を学級開きして数ヵ月間，行うことが多いです。1年の途中や後半ではなく，前半に行います。

　なぜだと思いますか？

　それは，百マス計算には子どもたちを惹きつける「ゲーム化」の仕掛けが盛り込まれており，子どもたちの学習に対する意欲を高めたり，自分自身への自信が強くなったりするからです。

【やり方】

① 　毎日同じプリントで行います。（毎日違うプリントにしても，同じプリントにしても，タイムや計算力に差がほとんどないことが証明されています。）

② 　教師はタイムを測り，タイムを記録させます。

③ 　記録の伸びを人と比較するのではなく，以前や前日などの自分と比べさせます。

④ 　記録が1秒でも伸びた子に手を挙げさせ，拍手を贈ります。

⑤ 　次の日の目標を立てさせます。

【ポイント】

・計算力を高めることよりも，以前の自分を越えていくことにより，自信を強めることにつなげます。また，タイムという子どもにも分かりやすい数値を使い，成長を可視化します。

・「明日の自分」を目標にすることで，達成可能な目標設定を行います。

2 ゲーム化で進んでノート取り

　子どもたちは,「教師に言われるからノートに書く」という感覚を持っています。それを,「ノートに書くと賢くなる」や「ノートにまとめていきたい」という気持ちにさせます。つまり,受け身の学習から能動的な学習にするのです。

　そのためには子どもたちを認める場を多く設定しながら,子どもたちの感覚を変化させていきます。

① すぐに評価！　めざせ,ノート作り名人賞‼

　ノートを集めて放課後ゆっくり見るのではなく,その場で評価をして返却します。もちろんできていないことがあれば,その場で直させます。

　評価する際には,スタンプを押します。そして,スタンプが一定の個数貯まると,賞状をあげます。

【やり方】

① 授業の始めに,今日のノートチェックのポイントを伝えます。例えば,「線を定規を使って引く」や「マス目いっぱいの大きい字で書く」

です。

② 　机間指導をしながら，ノートチェックのポイントができているか，できていないか評価して声をかけていきます。

③ 　授業の最後にノートを持ってこさせます。そして，その場で授業の始めに提示したポイントができているか，評価をします。

④ 　できていた場合は，スタンプを押します。これが，認めることになります。

⑤ 　スタンプが10個貯まると「ノート作り3級」に認定します。ちなみに，25個貯まると「ノート作り2級」，40個貯まると「ノート作り1級」に認定し，表彰をします。

【ポイント】

・毎日ノートを見ることが，大切です。時々ノートを集め，丁寧に見て直しをさせるよりも，毎日決めたポイントだけをチェックしていく方が，効果があります。

・子どもたちがノートを取る力の向上には，日々の積み重ねが欠かせません。わずかな時間でも毎日見て，その場でのフィードバックを繰り返すことがポイントです。

・また，ポイントを決めてノートを短時間で見ることで，教師のチェックを待つための長い行列ができることはありません。

２　素敵なノートに二重丸

　子どもたちは，どのようにノートにまとめていったらよいのか分からないことも多々あります。また，同じ授業を受けている友だちが自分より分かりやすいノートを書いていると，大きな刺激をもらうものです。

　そして何より，友だちに認めてもらうと大きな励みになります。

そこで授業の終末に，お互いのノートを見合います。そして，ノートに評価を入れていきます。

【やり方】

①　授業の終末に自分のノートを広げて，机の上に置きます。

②　鉛筆を1本持って，静かに友だちのノートを見て回ります。

③　友だちのノートの上の方に，素敵だなと思ったら○をかきます。見て回って最も参考になったノートには◎をかきます。

④　ノートを見合った後に，「Ｊくんのノートは，黒板に書いていることだけではなく，大事なことをメモしていた」など参考になったことを発表させます。友だちによさを言ってもらうことが，称賛の場になります。

【ポイント】

・素敵だなと思ったノートにかく○は，何人にしてもいいです。最も参考になったノートの◎は，1人です。こうすることで，全くノートに○をもらえず悲しむ子を防ぐことができます。

❸　ノート早書き競争

　授業の中で「ここまで書けているか？」確認を，繰り返し行っていくことも大切です。

　確認をする中で，できていることを認めたり，できていない子に取り組むように促したりすることができます。そして，ノートを主体的に取る子になる一歩になります。

【やり方】

① 　教師が板書した後に，「ここまで書けた人？」と確認をします。

② 　書けていた子には，「速い」とほめます。時には，拍手などを贈ります。

③ 　次に板書をした際に，「速かったＴくんと勝負」と言います。

④ 　そしてＴくんに，書けたら「できました」と言わせます。

⑤ 　Ｔくんより速かった子に「おめでとう」と言います。

【ポイント】

・できていることをしっかり認めていくことが，大切です。教師が「書こう」と指示をしておきながら確認がないと，「やらなくてもよい」と勝手に思い込む子が出ることがあります。そして，気づいた時にはノートを取らないことが，「当たり前」になっています。教師の指示に対して確認を行い，しっかりと評価していくことが大切です。

・何度繰り返しても，子どもたちはやる気になって取り組みます。ノートを書くだけではなく，紙をノートに貼る時や机上の整理など，様々なことに応用可能です。

3 沈滞の月曜日の1時間目の授業をゲーム化で盛り上げる

　月曜日の1時間目，多くの子どもたちに元気がありません。そういうものです。

　土日，スポーツの試合をずっと行っていた子。旅行に行っていた子。夜中までゲームをしていた子など，様々です。

　大人だって，休みから仕事モードに切り替えるには，エネルギーがいります。子どもなら，なおさらです。

　そういうものだと考え，あえてゲームをしましょう。

1 とにかく動かす,声を出す‼　―フラッシュカード―

　沈黙から活気溢れる学級にするには，とにかく子どもたちを動かすことです。

　スポーツするとなった時，「めんどくさいなぁ」と思っていたものの，やり始めたら「楽しいなぁ」に変わっていた経験はありませんか？

　動いているうちに，楽しくなり，やる気になってくるものです。

　子どもたちを授業の中で動かすために簡単にできるのが，「声を出す」ことです。

【やり方】

① 電子黒板（ない場合は，カードを印刷しておきます）にフラッシュカードを提示します。

　※私の場合，フラッシュカードは，部首やことわざ，漢字の読み，名文暗唱，都道府県など様々です。直接授業と関係なくても，続けて

取り組ませることで，力がついてきます。

②　子どもたちは，どんどん声に出して読んでいきます。

③　フラッシュカードが終わったら，クイズを出します。問題は，フラッシュカードに真面目に取り組んでいた子なら，必ず解ける問題にします。

　　例えば，ことわざをやっていたとします。「（　　　）に小判」と黒板に書きます。そして，「（　　　）はなんでしょう？」と問います。

④　特にやる気を持って取り組んでいたり，凛とした声で音読をしたりしている子を，ほめます。

【ポイント】

・フラッシュカードは，テンポが重要です。今の子どもたちは，「早いスピード」に慣れています。テレビCMなどにしても，短時間で次々内容が変わっていきます。「遅いスピード」は，学級全体に負の雰囲気を生みます。特に，月曜日の1時間目は，「遅いスピード」が命取りになります。

・フラッシュカード後のクイズは，サボっていた子にも優しいルールがよいです。例で挙げた「（　　　）に小判」も，答えを「ねこ」と知っている子が多いです。フラッシュカードを見ていなかった子も，クイズが分かれば手を挙げて参加をするものです。そこで，「よく分かったね」とほめれば，フラッシュカードをやる気もなかったあの子が，やる気になります。

・フラッシュカードは，繰り返し行います。そのため，「できなかった」ものが，「できるようになった」ことを実感できます。

2 朝一から早口言葉

　私が月曜日の1時間目にもっともやるのが，「早口言葉」です。

　子どもたちは，早口言葉が大好きです。そして，間違う方が笑いになります。歌うように，ミラクルな面白読み方も出てきます。学級全体が笑顔になり，沈黙の月曜日にはもってこいです。

【やり方】

① 黒板に今日のお題「となりの客は，よく柿食う客だ」と書きます。

② 全員起立をさせて，3度練習をさせます。

③ 1人ずつ読ませていきます。

④ うまく読めた子には，拍手を贈ります。

【ポイント】

・【やり方】②で全員を起立させて練習をさせたり，③で1人ずつ読ませたり，ゲームの中で全員が動き，表現の場があります。

・月曜日の1時間目の始めから，「金曜日に勉強したポイントは何だったでしょう？」と問うても，乗ってこない子がたくさんいます。そして，沈黙のまま授業が進んでいきます。しかし早口言葉は，5分もあれば終わります。あえて授業の始めに5分行うことで，その後の学習にもやる気を持って取り組んでくれます。

※早口言葉だけではなく，それ以外にも簡単なゲーム等を行うことをお勧めします。ここでのゲームに関しては，本書の推薦者である中村健一氏のご著書が参考になります。

4　悪い姿勢をゲームで直す

　姿勢をはじめとする学習規律は，「やらされている」と子どもたちに感じさせるのではなく，「その方が自分のためになるんだ」「もっとよくしていきたい」と思わせるようにします。

　「姿勢が悪い」と大きな声で叱責をしている場面に，遭遇することがあります。叱責されたことで，子どもたちは「やろう」という気持ちになるでしょうか？

　一時的には，姿勢がよくなるかもしれません。しかし，勉強などと一緒で「やろう」という気持ちにならないと，変わっていきません。

❶　良い姿勢はどっち？

　上の例ではないですが，「姿勢が悪い」と叱責された子の中には，どこがいけないのか分かっていない子も多いです。教師の思っている「姿勢が良い」と，子どもたちの思っている「姿勢が良い」にずれが生じていることが多々あります。

　そのため，教師の思っている「姿勢が良い」はどういう状態なのか，まずは示してやらないといけません。

【やり方】

①　授業中など子どもたちの様子を見ていて，教師の思う「姿勢の良い子」と「姿勢の悪い子」を数名カメラで撮影をします。

②　撮影した写真を電子黒板などに映しだし，「ここでクイズです。次の2枚の写真のうち，姿勢が良いのはどちらでしょう？」と問います。

③ ペアなどで，姿勢が良い・悪いと思った理由を話し合わせます。そして，全体で発表をさせます。

④ 学級全体で，姿勢に関して「良い」とはどういう状態なのかを確認をします。

⑤ その日のうちに，再度子どもたちの姿勢の様子を，カメラで撮影をします。そして，「今日みんなが姿勢について考えてくれたから，こんなに姿勢がよくなったね」と成長を認めます。その後写真を掲示しておくことで，成長を可視化できます。

【ポイント】

・写真にすることは，効果的です。自分の姿を，自分では見られません。しかし，写真にすることで自分の姿を見ることができます。また，写真になるというのは，子どもたちにとってうれしいものです。

・「姿勢の悪い子」として取り上げる子には，配慮が必要です。特に【やり方】⑤で，「姿勢が悪い」として取り上げた子を再度取り上げ，成長を称賛するフォローが必要になります。

・姿勢だけではなく，手の挙げ方や話の聞き方など様々な学習規律の指導に応用できます。

2 「それでは姿勢を悪くしてください」

「姿勢を良くして」と言うことはあっても，「姿勢を悪くして」と子どもたちに言うことは，まずないでしょう。

子どもたちは，「姿勢を悪くする」という非日常にワクワクします。そして，ゲーム感覚で取り組みます。

あえてやらせたいことの反対を体感させることで，やらせたいことの意味を感じ取らせます。

【やり方】

① 授業の始めに，「それでは，姿勢を悪くしてください」と指示をします。子どもたちは，「えっ」と戸惑います。たたみ掛けるように，「〇〇くん，それが姿勢を悪くしているつもりですか？　甘い，もっと悪くしてください」と言います。学級は，大爆笑です。

② 子どもたちの姿勢の悪い状態で，授業を進めます。最初のうちは，子どもたちもうれしそうですが，10分くらいすると，しんどそうな顔に変わってきます。

③ そこで，「それでは，自分が最高だと思う姿勢に直してください」と指示をします。

④ さらに，10分くらい授業を進めます。そこで，「今，姿勢が悪い状態と姿勢が良い状態の両方を経験したけど，どちらが集中できた？」と問います。

⑤ 最後に「自分はこれから良い姿勢で学習をするのと，悪い姿勢で学習するのと，どちらを意識したいか？」手を挙げさせます。

⑥ その後の授業で，姿勢を正すことを意識している子を認めていきます。

【ポイント】

・「姿勢が悪い」状態の時に，「もっと姿勢を悪く」と日頃と反対の指導を教師がどれだけ盛り上げてできるか，ポイントです。

・悪い姿勢が様々あることで，この学習を終えた後も，「あの時みたいに違う方向を向いて，悪い姿勢になっているよ」と子どもたちに想起をさせることができます。

・【やり方】④で子どもたちからは，「集中できなかった」「やる気がでなかった」などの意見が出てくることでしょう。そこで，「なぜ姿勢を良くすることが必要か」，価値づけていきます。

・【やり方】⑤のように，自分はどちらをめざしていきたいのか，自分で決めさせることがポイントです。すぐにできなくても，「良い姿勢をめざしたい」という気持ちを確認しておくことで，姿勢に課題がある子にも「先生も一緒に頑張りたいから，注意をしているんだよ」などと声をかけることができます。そして何より，「能動的参加」を促すことにつながります。

3 テープで良い姿勢

　私は，椅子の背もたれにもたれ掛かって座らせることをしたくないと考えています。

　「背もたれを使ってはいけません」などと指導をすると，やらされている感はぬぐえません。ここでもゲーム化を図ることで，子どもたちの「やりたい」という気持ちを高めていきます。

【やり方】

① 子どもたちのいないある日の放課後に，全員の椅子にビニールテープを貼っていきます。貼る場所は，背もたれから3cmくらい離した座板の上です。（次ページのイラスト参照）

② 次の日，子どもたちが貼ってあることに気づいて「先生，あのテープなんですか？」と聞いてきても，「なんだろうね」とごまかし，細かい説明をしません。

③ 授業中などに，「いやぁ，Hさんは姿勢がいいなぁ。これはもう次のテープに変えることができそうだなぁ。おっ，Yくんもだなぁ」などと独り言のようにつぶやきます。それを聞いていた他の子どもたちは，テープが姿勢と関係していることに気づきます。

④ 背もたれを使わず姿勢が良い子を呼んで，椅子のテープを変えます。

その際，背もたれよりテープの位置を2cmくらい遠くします。また，テープの色も変えていきます。

※テープの色は，どのレベルにあるかを表す指標にします。例えば，始めは「白」からスタートをします。次は「ピンク」などにしていきます。柔道などの帯の色の変わり方と同じイメージです。

⑤　5色くらい色を変えていき，「背もたれを使わない姿勢」が当たり前になったら，「もう，テープはなくても良い姿勢で座ることができるね」と言って「良い姿勢で賞」という認定書を渡します。

【ポイント】

・初めから「テープの意味」を言わないことも，大切な演出です。子どもたちが「知りたい」と思い，より意欲が高まります。

・テープの色という目に見える形で，成長を実感することができます。また，「ぼくもピンクをめざそう」と次の目標を明確に持つことができます。

・授業中などに「Kくんは姿勢がいいなぁ。休憩時間に次の色にテープを変えるから持っておいで」と言います。そして，休憩になるや「変えてください」と椅子を持って来ます。それを見ていた周りの子は，「いいなぁ」と羨ましそうです。何より，テープを変えてもらうKくんは誇らしげで，これも重要な称賛演出です。そして，周りで見てい

た子も,「先生, 次の授業中ぼくの姿勢をよく見ていてくださいね」とやる気いっぱいになります。

5　発表をゲーム化で活性化

　発表をするかしないか，「個」に関わることのように感じますが，「学級集団」の雰囲気が大きく影響をします。

　子どもたちにとって，学級集団は大切な環境です。その学級の多くの子が当たり前のように発表をしていると，発表が苦手の子もチャレンジをします。一方で，発表をしないことが当たり前だと，苦手な子はまず発表しません。

　特に4月，発表もゲーム化して，「発表することが当たり前」の雰囲気をつくります。

1　全員発表達成

　子どもたち対教師で勝負をします。その勝負が，「1時間の中で，全員発表ができるか？」です。

【やり方】
① 　子どもたち対教師で勝負をすることを伝えます。
② 　1時間の中で全員が発表をできたら，子どもたちの勝ちというルールを説明します。達成したら，授業の終わりにミニゲームをすることを伝えます。子どもたちが負けたら，罰ゲームがあることも伝えます。
③ 　誰でも答えられそうな発問をどんどんしていきます。
④ 　授業の最後に，「発表した人は起立をしましょう」と言います。そして，全員が起立をしているのを確認して，大いにほめます。
⑤ 　ご褒美のゲームをします。

【ポイント】

・教師と戦うことが目的ではなく，戦うことを通して学級全員が発表をすることに対して前向きになることをめざします。そのため，全員が発表できるように簡単な発問などをたくさん盛り込みます。

・「全員」となると自分ばかり発言したいという思いの子が，自然と気持ちを押さえないといけません。「○○さん，まだ発表していないから頑張れ」などと声をかけている子がいたら，ここも見逃さず，ほめます。

・授業中には，発表している子を確認していきます。もし，どうしても手の挙げにくい子は，こちらから指名をして意見を言わせます。

・「全員」で達成したことを，ほめます。教室の端などに，「全員発表達成　4月15日」と紙に書き掲示をしておきます。そして，その後も「手を挙げること」を，当たり前の雰囲気にしていきます。

2 発表点つなぎ

机上に，手を挙げたら点と点を線でつないでいく「発表点つなぎシート」を貼っておきます。

手を挙げた回数だけ点つなぎができ，文字や絵が完成をしていきます。3枚達成したら，発表名人として認定をします。

【やり方】

① 右のイラストのような，手を挙げたら1つ線をつないでいくことができる「発表点つなぎシート」を用意しておきます。

② いつでも書くことができるように，机の右上に貼っておきます。

③ 手を挙げることができたら，1つ線をつなぎます。

④ 1シートに40回分くらい線を引けるようにしておきます。

⑤　3枚達成したら，教師に伝えさせ，「発表名人」に認定して賞状を
渡します。

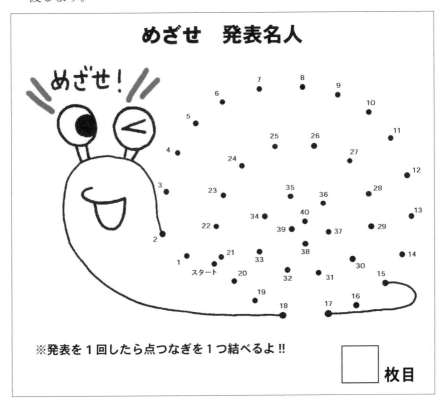

【ポイント】

・「発表をしたら1つ線をつなぐ」というルールも試しましたが，はじ
めのうちは「手を挙げたら1つ線をつなぐ」方が，効果的です。「発
表をしたら」とすると，やる気になっていても指名されないなどの，
不満が出てきやすいです。

・これもあくまで，「発表をするのが学級の当たり前」にするためのき
っかけにすぎません。学級がスタートをした4月頃には効果的ですが，

3学期までやっているようではいけません。

・授業者としては,「点をつなぐ」ことに集中するよりも,授業の内容に集中してほしいと思うものです。そのため,多くの子が3枚を達成して「発表名人」に認定されたら,「もうなくてもみんなならできるね」と,次のレベルに移行をする必要があります。あくまできっかけとして,効果てきめんです。

6　ゲーム化で音読がめきめき上達

　声を出すことは，どの教科の学習でも必要なものであり，学力の根底をなすものの1つです。しかし，声を出すことは教師の意識的な指導なくして，育つものではありません。教師が1年間意識し続けて初めて，学級全体の声が揃ったり，1人でも教室に響く声を出したりすることができるものです。

　もちろん，音読以外でも学級全体の声を出すことへの意識を高めていくことはできますが，音読に取り組むことで，声だけではなく集団としての連帯感や学びの心構えなど多くのプラスの成長があります。

❶　名文暗唱で賞状

　教え子たちは，次のような手紙を幾度となく書いてくれています。「先生が担任の時，平家物語や漢詩などの音読に取り組んでくれたおかげで，中学・高校になっても覚えていて，あの時全力で頑張ったことが未来の自分へのプレゼントになった」。

　「暗唱」というのは，「できた」「できない」が子どもたちにも分かりやすく，ゲーム感覚で取り組むことができます。音読に取り組むきっかけづくりをしたり，称賛の演出を工夫したりすることで，子どもたちは「暗唱」の虜(とりこ)になります。

【やり方】

① 　国語科の授業で，上に紹介したような，教え子の手紙を子どもたちに紹介して，「名文暗唱」にチャレンジをしないかと問います。そ

して，暗唱することで，「未来の自分へのプレゼント」になることを，
伝えます。

② 漢詩などリズムもよく暗唱のしやすいものを選び，1時間暗唱に取
り組みます。（取り上げる詩は，学年や子どもたちの実態によります。
ただし，1時間で多くの子が暗唱を達成できるものがよいです。）

③ 授業の最後に隣同士で聞
き合い，暗唱できたことを
ほめ合います。そして，下
の「暗唱マイスター」の用
紙に記入します。

④ 家でも練習をしてくる
ことを伝え，2つ目の詩を
「これもできたらやってみ
て」と言って配付します。

次の日の国語科の授業
などで，「2つ目の詩，暗
唱した人まさかいないよ
ね?」などと聞き，チャレ
ンジできる子に暗唱しても

音読暗唱3級
○○△△ さん

　あなたは，詩や古文など，たくさん
の文章を覚えることができました。コ
ツコツ覚えたことは，自分自身の将来
へのプレゼントになります。

　また，美しい日本語を全力で読むこ
とで，美しい心につながっています。

　これからも，たくさんの文章をどん
どん覚えていって，暗唱名人をめざし
てください。

20XX年△月×日

○○小学校　担任　友田 真

暗唱マイスター☆（　　）枚目

題　　名	聞いた人のサイン（達成日）
1	（　／　）
2	（　／　）
3	（　／　）
4	（　／　）
5	（　／　）

らいます。そして，大いにほめます。

⑤　5つ詩を暗唱できたら，賞状を渡すことを伝えます。

⑥　そして，学級全員の前で賞状を渡します。

【ポイント】

・国語科の授業の始め5分や朝の会，モジュールタイムなど，できるだけ毎日学級全体で音読をする時間をとります。

・5個覚えたら「3級」，10個覚えたら「2級」などランクをつけ成長を可視化することで，子どもたちはやる気を高めます。宿題で音読に取り組ませると，多くの子が達成することができ，自信をつけていきます。

・賞状を渡す時には，学級全員で拍手を贈り，称賛します。

② やたらと音読

　私の学級では，国語科の時間だけではなく，やたらと「音読」する場面をつくっています。1時間の授業の中だけでも，音読場面が何度も出てきます。

　黒板に書いた授業のめあてや問題文，用語の説明など，とにかくやたらと声に出して読ませます。

　それだけでも，子どもたちの授業への参加度合は高まります。そこにゲーム性を加えることで，子どもたちのやる気はさらに高まります。

【やり方】

①　黒板に用語を書いたら，教師が音読をします。

②　教師の音読に続いて，子どもたちが音読をします。

③　さらに全員を立たせて，「超高速読みで3回」と指示をします。

④　早く読み終えた子から座らせます。

⑤　早く座った子から，「1番。2番……」と順番を言います。

⑥　早く座った子（1～5番目）に，拍手を贈ります。

⑦　座っても他の子を待つ間に音読をしていたり，ハキハキと読んでいたりする子は，大いに認めます。

【ポイント】

・何度も音読することで，理解が深まるものです。ただ黙読するだけより，声に出すことで，理解度が高まることも分かっています。そのため，ゲーム化を取り入れて音読の仕方を工夫することで，繰り返し音読をさせていきます。

・全員立つという行動をするだけで，子どもたちの集中力は高まります。私たちも，研修などで1時間ずっと座って話を聴いていると，よほど興味深い内容でない限り，しんどくなります。そこに少し立つなどの行動があることで，集中力が高まります。

3　間違ったら交代音読

　教科書文を繰り返し音読させるためのレパートリーは，様々あるとよいです。これから紹介するのも，そのレパートリーの1つであり，子どもたちに人気のゲーム化した音読方法です。

【やり方】

①　子どもたち全員を起立させます。

②　教科書の〇ページを音読したら座るように指示をします。

③　全員が着席したら，隣同士でペアになります。

④　2人のうち途中でつまったり間違ったりせず，たくさんの文章を音

読できた方が，勝ちであることを伝えます。

⑤　ペアで，1人ずつ音読をします。もし音読の途中でつまったり，間違ったりしたら交代をします。

⑥　音読を終えたら，勝った子を立たせます。そして，拍手を贈ります。

【ポイント】

・全員が音読をした後に，ペアで「間違ったら交代音読」ゲームを行うことで，子どもたちは再度文章を読む必要感を持ちます。中には，最初1人で音読をしている時には，音読をしているふりをしている子もいることでしょう。ペアでゲームしながら再度読むことで，音読する必要感が高まります。

・次回以降，「間違ったら交代音読」があるかもしれないと，1人で音読する際にも，これまで以上に意欲的に取り組みます。

4　あなたは名女優です!!

場を演出することは，子どもたちのやる気を大いに高めます。

音読に意欲的に取り組んでいる子や上手に読めている子に，「特別，舞台に上がらせてあげましょう。あなたは，女優です」と言って，椅子の上に立たせます。

たったこれだけですが，音読をする姿勢に自然と意識を向けたり，いつも以上にやる気が高まったりします。さらに，見ていた周りの子も「私も上がらせてください」と言ってくることでしょう。

【やり方】

①　音読への取り組み方や読み方など，全体の手本としたい子を選びます。

② 選ばれた子だけ,「特別」舞台に上がれることを伝えます。

※ここでの舞台とは,椅子の上のこと。

③ 舞台に上がった子どもたちに,「周りを見渡してください。あなたを観にたくさんのお客さんが来ています。あなたは,女優です。名女優です」と伝えます。

※ここでのお客さんは,座っている子どもたちのことです。

④ 舞台の上で音読をさせます。

⑤ 座って聞いていた子どもたちに,「どこがよいから舞台に上がれたのか?」を問い,考えさせます。そして,発表をさせます。

⑥ 最後に,「舞台の上で読みたい人?」と尋ねます。そして,「舞台に上がるからには,みんなが見つけたよいところを真似してみようね」と言って舞台に上がらせ,音読をさせます。

⑦ そして,みんなで拍手を贈ります。

【ポイント】

・初めから全員を舞台に上がらせるのではなく,手本にしたい子だけを指名することがポイントです。「一生懸命取り組んでいることが認め

られる」と子どもたちに感じさせたり，選ばれることが何よりの称賛
演出になったりします。

・手本にした子のよさを見つけた後，【やり方】⑥のように「舞台の上
で読みたい人？」と尋ねることが重要です。見つけたことをすぐに実
行させることや「読みたい」と意欲的に自己表現をさせることで，能
動的参加へと導くことができます。

・物語性を盛り込むと，子どもたちの意欲は高まるものです。そういっ
た意味でも，【やり方】③の「舞台に上がった名女優」という設定も
大切です。クラスの子どもたちから楽しい笑いが起こる雰囲気をつく
ります。

7 ゲーム化で授業内容の定着率を高める

　授業の最後には，確認問題や確認テストを行うことが多いと思います。
　「じゃあ，確認テストをするよ」と教師が言うと，「えっ」という子ど
もたちの反応。しかし，「確認クイズするよ」と言ったら，「やったぁ」
の反応です。

　些細な言葉かけの違いですが，子どもたちのやる気や学級の雰囲気は，
大きく変わります。

　クイズなどを取り入れたゲーム化で，授業内容の定着率を高めましょ
う。

1　授業の最後に確認クイズ

　クイズ番組を参考に，「♪チャ～ラン。第1問」などと楽しそうな雰
囲気を演出します。

【やり方】

① 　確認クイズを行うことを告げ，楽しい雰囲気をつくり出します。

② 　三択クイズや○×クイズ，早押しクイズなど，全員が参加できる形
　で問題を出します。

　　例）「日本にある大きな島4つは，北海道・本州・四国ともう1つは，
　　　沖縄である。○か×か？」（×，正解は九州。）

③ 　正解者に拍手を贈ります。

④ 　正解を，全員で言わせます。

　　例）「日本にある大きな島4つは，北海道・本州・四国・九州」

【ポイント】

・教師の演出力が，子どもたちのやる気をさらに高めます。そして，「楽しい」と感じると授業の最後に行う「確認クイズ」を子どもたちが楽しみにします。

・効果音として，正解した時には「ピンポーン」。間違った時には「ブッブーッ」と言うと，さらに場が盛り上がります。

2　黒板けしけしクイズ

折角1時間かけて書いた板書を，サッと消してしまうのではもったいないです。

板書を使いながらクイズにすることで，板書に対する注目も高まります。

【やり方】

① 授業の終わり5分に「黒板けしけしクイズ」を行います。

② クイズに答える子を数名指名して，黒板とは反対側を向いて立たせます。

③ 回答者が黒板の反対を向いている間に，板書している中からクイズの答えになる所を消します。

④ 消し終えたら前を向かせて，クイズを出題します。

⑤ クイズの正解者には，シールを渡します。

⑥ クイズを行いながら，板書に書かれた文字を消していきます。

【ポイント】

・私は，1時間の授業の中で発表をしていない子を回答者に指名しています。そうすることで，発表への自信を高めるきっかけになります。

・また，「発表をしなくてもよい」と考えている子は，「最後に回答者に指名されて，どうせ発表をさせられるなら，授業の中で分かる時に発表をしよう」と授業に前向きになります。さらに，授業に集中していないとクイズに答えられないので，授業への集中力も高まります。
・回答者以外の子どもたちに，「どこを消そうか」と問いかけてクイズの問題を考えさせることも，授業内容を定着させるのに効果的です。

8　ゲーム化されたオリジナルプリント「面白ワーク」の威力

　算数の授業の後半に，私が「面白ワークをするよ」と子どもたちに言うと，「やったぁ」「よっしゃぁ」という反応が返ってきます。研究授業で授業を参観してくださった先生方も，練習問題で子どもたちが「やりたい」という反応を示すことに驚かれ，ほめてくださいます。

　「面白ワーク」は，いわゆる練習問題です。ただし，子どもたちがやりたくなるしかけを取り入れたオリジナルプリントです。手作りのため，制作に時間はかかりますが，上記のような子どもたちの反応は，何物にも代えがたいものがあります。また，子どもたちのやる気を高める驚異的な威力も持っています。

（山口県・福山憲市先生のご実践を参考にしています。）

❶　面白ワーク

【やり方】

① 「面白ワーク」をやることを伝えます。

② 次ページのような問題を配ります。

③ 次ページの場合は，問題を解いていくにつれて文字が現れます。

④ 完成した文字が何か分かった子に発表をさせます。そして，達成したことに拍手を贈ります。

【ポイント】

・私事になりますが，5歳の男の子がいます。某通信教育を行っています。この通信教育の教材が，非常に参考になります。小さな子でもや

りたくなる，子どもたちを惹きつけるしかけが満載です。点つなぎや問題を解いていくと暗号が完成するもの，迷路などゲーム化が取り入れられています。

・作成する時間や手間はかかりますが，授業で押さえたいポイントも明確になります。また，下に挙げたプリントだと点つなぎの欄に，答えがあります。できない子，理解に課題がある子にとってはすぐに答え合わせをできるしかけにもなっています。間違いにすぐに気づき，修正することも可能です。

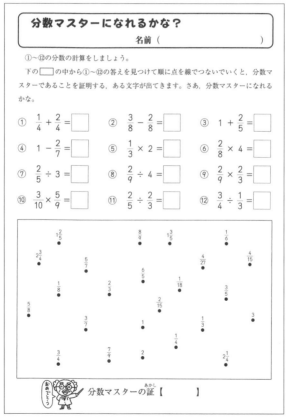

（土作彰・中村健一編著『コピーして使える授業を盛り上げる教科別ワークシート集（高学年）』黎明書房，2013 年，29 頁）

9　ゲーム化で復習もやる気いっぱい，理解も深まる

　算数科での単元の終盤。たくさんの問題に取り組ませ，理解を深めていきたいところです。また，復習をするからには理解が不十分な子から，授業後に「分かった」「納得したぞ」という声が聞きたいです。

　そのために，理解している子も理解が不十分な子もやる気を持って取り組め，達成感を味わい，自信を持ってテストにのぞむようになる学習にしたいものです。

❶　復習問題でアイテムゲット!!

　子どもたちは，絵（イラストなど）を描くことが大好きです。授業の中で黒板に絵を描くと，それだけで喜びます。「先生，ノートに写していいんですか？」「色を塗っていいですか？」とうれしい反応です。

　子どもたちが好きな「イラストを描くこと」を授業の中に，取り入れていきます。

※１時間の授業を終えた時に，イラストが完成します。アイテムは，イラストを完成させるための「一筆(ひとふで)」です。例えば，１問正解すると教師がイラストの輪郭を描きます。次の問題を正解すると，イラストの片目を描き足します。１問進むごとにイラストができ上がってくるので，どんなイラストになるか子どもたちはワクワクします。

【やり方】

①　算数科の教科書の単元の末尾に掲載されている「たしかめ問題」を使います。

②　1問ずつ問題に取り組みます。

③　1問終わったら，答え合わせをしたり，説明をしたりします。

④　正解はもちろん，間違っていても理解できると，「アイテム」をゲットできます。ゲットしたアイテムをノートに描き加えていきます。

⑤　黒板の端にもイラストコーナーをつくっておき，1問終わるごとに「アイテム」を描き加えていきます。

⑥　授業の終わりには，イラストが完成します。

⑦　イラストが完成した子に，「よく授業を理解している証だよ」と価値づけ，称賛します。

【ポイント】

・算数科が苦手な子や自信を持てていない子のやる気につなげることも，ねらいの1つです。そのため，苦手な子が正解できず，「ぼく分からないから，片目かけなかった」などと落ち込むことがないように配慮が必要です。例えば，間違っていてもノートに赤ペンで直すとOKだったり，友だちから教えてもらったりしてもアイテムをゲットできるなどの工夫が大切になります。

・早く問題を解き終えた子が，「見直し」をしていたり，近くの友だちに教えていたりなど，学級全体に広まってほしい行動などが見られたら，「特別アイテム」として，イラストの継ぎ足しをさせることも効果的です。

・1時間を終えてイラストが完成します。これは，授業の終わりに自分でも見て分かる成長の証になります。問題を解けた子や教師が示した課題をクリアした子だけが，アイテムをゲットできます。そして，イラストを完成できます。つまり，「即時フィードバック」を受けると

同時に，「成長の可視化」になります。また，自分が頑張っただけプラスのアイテムももらえてイラストが完成していくので，「自己表現」にもつながります。

・こんな授業をしていると，子どもたちは「私の考えたイラストも使って」と言ってきてくれます。そのイラストを授業で取り上げることで，イラストを考えた子の自信にもなります。また，他の子も「○○さんの考えたイラスト」と喜んでくれます。

2　他のグループに負けたくない―グループ学習―

グループ学習は，子どもたちも大好きです。しかし，目的を明確にしていないとおしゃべりの時間になってしまいます。

そこで，各グループの進捗度を黒板に表して見える化を行う工夫をします。この工夫により，子どもたちは「負けられない」「集中してやろうよ」と，学びへのやる気に火がつきます。

テスト前など，理解を深めていきたい時に効果的です。

【やり方】

① 　3人か4人のグループをつくります。グループ名を話し合って決めます。

② 　グループで学ぶ目的を説明します。私の場合は，「グループの仲間が，『分かった』と言ってテストに自信を持ってのぞむこと」です。「早く課題を終わらせること」は，求めていないことを繰り返し言っています。

③ 　ドリル1ページやプリント1枚が終わったら，黒板にグループの名前を書きに来ます。

④ 　教師は机間指導をしながら，グループ学習の様子を見て回ったり，

学習に課題を抱えている子を指導したりします。

⑤　授業の終わりに，「学習前と比べて，理解度が深まりテストへの自信が高まったか」を振り返ります。

⑥　高まっていくことができたグループは，メンバー全員でハイタッチをします。

【ポイント】

・3人グループの場合，算数科が得意な子・中間的な子・苦手な子になるように，グループをつくります。得意な子ばかりや苦手な子ばかりでは，学習が効果的に進みません。

・ドリルが1ページ終わるごとに，黒板にグループ名を書きに来ることは，大切なポイントです。「早さは問わない」と教師が繰り返し強調しても，子どもたちは他のグループが気になるものです。他のグループに負けまいとより集中をしたり，終わった後すぐに書くというのが「即時フィードバック」になったりします。また他のグループから「すごい」などと言われると，これも「称賛演出」になります。

・このグループ学習は，テストに向けての1時間の学びを深めるなどというミクロの視点だけではもったいないです。グループ学習が効果的にできるようになると，社会科の調べ学習や国語科の話し合いなど，様々な学びを深めていくことができます。また，子どもたち同士の関係も深まります。そのため授業の終末には，「友だちがこういう言葉をかけてくれたから，グループ学習が深まったということはある？」と聞きます。そうすると，「間違えても優しく教えてくれた」や「メンバーが同じになった時に，『よろしくね』と言ってくれた」と算数科の学習には直接関係ないものの，学級経営上大切なことがたくさん出てきます。ここを逃さず，価値づけたいです。

10　ゲーム化した漢字学習

　漢字力の定着は，私が力を入れていることの1つです。市販のテストに学期末の50問テストがあると思います。学級平均90点を超えてくると，様々な学習の理解度・子どもたちの学習への取り組み方なども一気に高まってくる気がします。（あくまで個人的感想です。）

　子どもたちが，漢字の学習に楽しみながら取り組み，力をつけていくことがねらいです。

1　読んだら座ります& 20 番を言ったら負けよゲーム

　漢字ドリルには，1ページに20問の例文が載っているページがあります。そのページを活用して，音読をします。

　ただ読んでいるだけだと飽きてくるので，ゲーム化を取り入れていきます。

【「読んだら座ります」のやり方】

① 教師の後に続いて，
　例文を子どもたちが
　読みます。

② 全員を立たせます。
　そして，一斉に例文
　の1番から10番を読
　みます。そして，読
　んだ人から座らせま

す。「読んだ人から座る」という順位が決まる単純なゲーム化を図る
だけで，子どもたちはやる気になります。

④　「20番を言ったら負けよゲーム」をします。

⑤　勝った子を立たせます。そして，「よっしゃ」というガッツポーズ
をさせます。（称賛演出）

【「20番を言ったら負けよゲーム」のやり方】

①　2人がペアを組み，じゃんけんをします。

②　勝った人が先攻になります。言う人は，最大で例文を3つ音読する
ことができます。最大で3つなので，1つでも2つでもよいです。こ
こでは，先攻の人が3つ音読したとします。

③　負けた人が後攻なので，例文の4番から音読をします。後攻の人も，
最大で3つまで音読をします。ここでは，4番5番の2つを音読した
とします。

④　次は，先攻の人が6番を音読します。ここでも，最大で3つ音読を
できます。

⑤　②〜④を繰り返していきます。そして，例文の20番を音読した方
が負けです。

【ポイント】

・音読をすることで，読字力を高めることができます。

・ただ音読するだけではなく，「読んだら座ります」や「20番を言った
ら負けよゲーム」などゲーム化を図ることで，子どもたちが楽しみな
がら学習に取り組めます。

・速く読み終えて座った後にも読んでいる子などを見つけて，認めてい
くことが大切です。

2　クイズを交ぜて部首フラッシュカード

　漢字を覚えるのに，部首を知っていることは大きな武器になります。

　授業の導入やモジュールタイムに，部首フラッシュカードをすることで，漢字の理解が高まります。

【やり方】

① 電子黒板などに，部首のフラッシュカードを映します。

② テンポよく，読ませていきます。

③ フラッシュカードの途中に，新出漢字などを入れておきます。

④ 新出漢字が出てきたところで「ここでクイズです」と言います。

⑤ 新出漢字の部首を考えさせます。

⑥ 部首フラッシュカードをテンポよく続けていきます。

⑦ 部首のもとになっている形（象形文字など）を入れておき，「何の部首でしょう？」とクイズをします。

⑧ 正解者に拍手を贈ります。

【ポイント】

・初めは教師に続いて読んでいたとしても，徐々に，電子黒板に映しだされただけで，読むことができるようになります。繰り返すことで，「分からなかった自分」から「読めるようになっている自分」という成長を自覚することができ，さらにやる気を高めることができます。

・部首フラッシュカードを行っている中で，部首とは違うものを入れたり，クイズを入れたりする演出を行うことで，子どもたちのワクワク感は高まります。そして，「次は何が出てくるか？」と期待をしながら，部首フラッシュカードに取り組むようになります。

3　間違いベスト5―リベンジプリント―

　テストは，自分が理解できていないところを知ることができるものです。80点だった子は，20点分自分が理解できていないことを知ることができます。そして，間違った20点分をしっかり理解していけばよいのです。

　しかし，テストをやりっぱなしにしていたり，点数にばかりこだわっていたりすることが多いように感じます。

　テストをした後どうするか，これが大切になります。

　私は，市販のテストの漢字50問テストを行った後，下のように間違いの多かった漢字を分析しています。「・」は，間違いがあった問題です。例えば，ここに掲載している子だけで見ると，「50番の『厳しい』」は4人が間違っていることになります。

36	37	38	39	40	41	42	43	44	45	46	47	48	49	50	得点	間違えた数
専門店	看板	神聖	革命	皇后	忘れる	若い	探す	認める	困る	暮れる	捨てる	除く	訪ねる	厳しい		
・															96	2
													・		96	2
															96	2
・			・									・	・		84	8
															100	0
							・		・						90	5
		・	・												90	5
															86	7
															98	1
	・											・		・	88	6
⋮															⋮	⋮

問題番号　得点　間違えた数　問題

92

【やり方】

① 　漢字50問テストを実施します。

② 　テストの結果をまとめ，分析をします。

③ 　「間違いベスト5」として，子どもたちにクイズをします。どの漢字の間違いが多かったのか，クイズにしながら発表をしていきます。正解者には，シールをプレゼントします。

④ 　「リベンジプリント」として，間違いの多かった問題に取り組ませます。

　　※「リベンジプリント」とは，ミスしたことのリベンジを果たすプリントという意味です。

⑤ 　間違っていた漢字ができるようになった子を立たせます。そして，成長したことに対してみんなで拍手を贈ります。

【ポイント】

・「間違いベスト5」の発表演出を工夫します。まずは，間違いが多かったのはどの漢字か，クイズとして考えさせます。1位を当てたら10ポイント。2位だったら9ポイント。3位だったら8ポイントとして，最終的に一番ポイントが多かった人が勝ちです。

・もちろん，「第5位は……」などと焦らしたり，「ジャカジャカジャン」などと効果音などを自分で言ったりする演出を行い，雰囲気をつくります。そうすることで，「ぼくも間違っているわぁ」と興味を持ちながら子どもたちも聞いてくれます。間違いが多かった漢字は，子どもたちの理解や関心の低い漢字です。その漢字をこのように発表することで，スポットがあたり，関心を高めることができます。

・リベンジプリントに取り組むことで，「分かっていなかった」漢字が，「分かる漢字」に変わっていきます。そして，再度，漢字50問テストに取り組ませると，飛躍的に点数が伸びています。そのタイミングで，

「すごいね。間違った漢字を繰り返し練習したから，1週間で20点も点数が伸びたね」と価値づけ，成長を自覚させることで，やる気をさらに高めることができます。

間違いベスト5　リベンジプリント

名前（　　）

一位 ⑳人
・意見をしじする（　　　　）
・友田先生が次にすることをしじする（　　　　）

二位 ⑨人
・こだいの都（　　　　）

三位 ⑧人
・しせいが良い（　　　　）
・にちじょうの会話（　　　　）
・じょうやくを結ぶ（　　　　）
・しょうたいきゃく（　　　　）

四位 ⑥人
・おおきなそんしつ（　　　　）

五位 ⑤人
・ひめいをあげる（　　　　）

※これも注意!!
やさしい問題（　）（　）
やさしい先生（　）（　）

4 5分間で何問解けるかな？

　私は，漢字50問テストを行った後に何回も同じ問題に取り組ませます。また，国語科の授業の始めに，漢字プリントなどを行います。

　その時に，5分間という時間の中で，何問解くことができるか取り組ませています。

【やり方】

①　漢字プリントを配付します。（漢字50問テストのように，1枚に多

くの漢字が載っているもの）

② 5分間だけ取り組ませます。

③ 1枚のプリントを全問解き終わった子どもは,「終わりました」と言います。そして,達成した時間をプリントに書き込みます。

④ 1枚目が終わって時間が余っていたら2枚目に取り組みます。

⑤ 5分が経った時に,何問解けたか数えます。

⑥ 前回分からなかった漢字が書けるようになった子を立たせ,拍手を贈ります。

【ポイント】

・5分間という時間を設定することが大切です。教師がストップウォッチを持ってタイムを測るだけで,子どもたちのやる気は飛躍的に高まります。

・いつも同じ5分間で繰り返し取り組むことで,「この前は,40問だったけど,今日は50問できた」と自分の成長を実感することができます。

・漢字の学習となれば,「止め・はね・はらい」まで細かく指導,となるかもしれません。しかし,ここでは「5分間」という決められた時間に何問解けるかということを中心に取り組んでいるので,細かいところまでは言いません。

11 ゲーム漢字大相撲（ミニテスト）

　「漢字大相撲」は，多くの学級で行っているであろう漢字の「ミニテスト」をゲーム化したものです。宿題で漢字ドリルに載っている例文10個を，漢字ノートに練習をしてきます。練習してきたものを「ミニテスト」にするだけです。

　ただ，苦手な子は宿題で同じ問題を書いてきたにも関わらず，できません。様々な理由が考えられますが，その1つに「覚えようと思ってノートに書いていない」ことが挙げられると思います。

　宿題だから，例文を漢字ノートに写してきているだけです。自分がなんという文字を書いたか，特に意識をしていないことでしょう。

　ミニテストを「漢字大相撲」というゲームにすることで，「勝つために覚えよう」という目的意識を持って取り組むきっかけづくりをしています。

① 漢字大相撲

【やり方】

① 　番付を自分で選択します。

② 　子どもたちは宿題で同じ問題に取り組んできます。

③ 　漢字大相撲（ミニテスト）1日目を行うことを伝え，問題を配付します。

④ 　子どもたちは問題に取り組み，提出をします。

⑤ 　教師は採点を行い，子どもたちに返却します。

⑥ 　自分の番付，正解数により勝敗が決まります。

⑦　15日間取り組み，優勝を決めます。

⑧　優勝者には，賞状を渡します。また，15日間の成績で，来場所の番付が決まります。

【詳しい説明】

○漢字大相撲は，漢字の10問ミニテストなどを基本として行います。そのテストに，大相撲の仕組みを取り入れたものです。「テスト」という子どもたちが抵抗感を感じやすいものに，「大相撲」というゲーム性を取り入れた取り組みです。

○まずは，自分で番付を決めます。右の表を見てください。例えば，横綱だと10問中1問でも間違えるとその日の取り組みは負けになります。しかし，大関の子は1問間違えただけなら勝ちになります。小結の子は，10問中3問まで間違えることができます。

漢字大相撲ー○○場所ー	
番付	勝敗のポイント
横綱（よこづな）	全問正解
大関（おおぜき）	1問ミス
関脇（せきわけ）	2問ミス
小結（こむすび）	3問ミス
前頭（まえがしら）	4問ミス
十両（じゅうりょう）	5問ミス
幕下（まくした）	6問ミス

《成績を受けて》

全勝　　番付が2つ上がる
10勝以上　番付が1つ上がる
8勝以上（勝ち越し）そのまま
7勝以下（負け越し）番付が1つ下がる
3勝以下　番付が2つ下がる

○番付は，最初は自分で決めさせます。私の学級では自信のある子は横綱。苦手な子は，前頭などからスタートしました。自分で決めること，番付によって基準が違うことで，必ずしも漢字が得意な子が勝つわけではなくなります。自分の少し上のレベルをめざして取り組める良さがあります。

○次ページの用紙に，成績をまとめます。上半分には，1場所15日の戦いを終えた時に成績を整理して記入します。下半分は，日々の成績

成績表

場所	番付	勝敗	
		勝	敗
		勝	敗
		勝	敗
		勝	敗
		勝	敗

※場所名は，春場所，夏場所など自由につけます。

| | | 場所 | 番付 | | |

	日付	勝敗(正解数)		日付	勝敗(正解数)
1	月　日	（　）問	9	月　日	（　）問
2	月　日	（　）問	10	月　日	（　）問
3	月　日	（　）問	11	月　日	（　）問
4	月　日	（　）問	12	月　日	（　）問
5	月　日	（　）問	13	月　日	（　）問
6	月　日	（　）問	14	月　日	（　）問
7	月　日	（　）問	15	月　日	（　）問
8	月　日	（　）問			

ヨイショー

を書き込みます。

◯ 1 場所を終えて優勝をした子には，賞状を作り表彰すると次場所以降のさらなるやる気につながります。

◯成績の結果によって，次場所の番付が決まります。全勝した子は，2つ上がります。勝ち越しができなかった子（7 勝以下）は，番付が下がります。（前ページ参照）横綱の子は，その番付を守り続けることが 1 つのプライドになります。下がった子も，「次こそは……」と競争心が次への意欲になります。たとえ最初，無理な番付や力のある子が低い番付を選んでいても，2 場所目以降で，自分の力に見合った番付になります。

【ポイント】

・番付を自分で決めることも，ゲーム化を進めていくことの大切なポイントです。自分で選択することで，より自分が主体のゲームになって能動的に参加できます。

・さらに，「漢字大相撲」というゲームの主人公に子どもたち一人ひとりをしていくためには，「四股名」も決めさせます。自分の名前を使って考えたり，現役力士からヒントを得たりしています。こういう遊び心も大切です。

・この漢字大相撲は，漢字への抵抗をなくすこと，もっとやってみたいと子どもたちが思うことを大きなねらいにしています。当然，負けるより勝つ方が子どもたちもうれしいです。

・漢字が苦手な子のためには，前日にテスト用紙を教室の後ろに置いています。プレテストをしたい子は，家に持ち帰り，宿題の漢字練習の後にやってもよいことにしています。そうすることで，家での学びの量が増え，テストでもできるという自信につながります。

・「漢字大相撲」において，主人公は自分です。主人公の自分が，どう成長していくかのゲームです。そのため，他の友だちと番付や勝敗を比較しないことを繰り返し指導します。

12 ゲーム化で進んで辞書引き

「どうせ，授業で数時間しか辞書を使わないから，うちの子には辞書を買いません。学校のを貸してください」，こういう保護者の声があるそうです。口にしないまでも，思っている保護者は多いことでしょう。

私の学級は，どの授業でも辞書を活用します。そうすると，「辞書がこんなにボロボロになるんですね。私が子どもの時を含めても，辞書ってきれいなまま使うものだと思っていました」という声をよく聞きます。

「ぼくの辞書，使いすぎてボロボロになった」という子どもたち，かっこいいですよね。一生の自慢にもなることでしょう。そして，辞書を活用する能力は，様々な所で生かされていきます。

（深谷圭助先生のご実践を参考にしています。）

1 付箋をつける

【やり方】

① 付箋に番号をふっておきます。

② 調べたい言葉を付箋に書きます。

③ 言葉を見つけた辞書のページに，付箋を貼ります。

【ポイント】

・詳しくは，深谷圭助先生のご著書をお読みください。これ以降は，深谷先生のご実践を参考に，私なりに子どもたちがさらにやる気を持って学ぶように，ゲーム化した実践について書いていきます。

2　辞書引き名人認定

【やり方】

① 150語・500語・1000語など区切りの数になると，右のような辞書引き名人認定書を贈呈します。

辞書引き名人
150語突破 賞

5年2組　〇〇□□さん

　あなたは、辞書を使いコツコツと多くの言葉を調べました。調べた言葉は、自分の大きな力になっています。

　これからも、努力を積み重ねて、自分自身の大きな力にしていってください。

　150語を突破しましたので、ここに表彰します。

2018年5月12日

辞書引き協会　トマト博士

【ポイント】

・付箋をつけていくというだけで，ゲーム化されています。自分が調べた言葉だけ，付箋が増えていくというのは即時フィードバックであり，成長の可視化にもなります。しかし，マンネリ化してくるのも事実です。そこで，子どもたちが達成可能な目標にしやすい数で，賞状を渡します。そうすると，次の目標をめざして意欲的に調べます。

・賞状は，何枚もらってもうれしいものです。家に持ち帰り，保護者に自慢をしたり，飾ったりしてくれています。成長の可視化をして，さらにやる気を高めることにつながります。

・必ず，学級全員の前で渡します。みんなの前で表彰されることは，大きな称賛演出です。そして，他の子の「ライバル心」もくすぐり，

学級全体のやる気が高まります。

③ 辞書早引き競争

【やり方】

① 授業などで子どもたちに調べさせたい言葉を言います。制限時間は30秒です。

② 子どもたちは，言われた言葉を付箋に書きます。

③ 辞書を引いて見つけたら，付箋を貼り「はいっ」と言って起立をします。

④ 起立した子は，辞書に書かれている意味を繰り返し音読します。そのため，30秒に近づくにつれて多くの子が起立して辞書を音読をしている状態になります。

⑤ 30秒たったら，一番早く見つけた子に拍手を贈ります。

【ポイント】

・見つけたら「はいっ」と言って起立させることが，重要です。周りの子は，誰が早かったか認識すると同時に，「自分も……」というプレッシャーにもなり，全体として辞書を引く速度が早くなります。30秒を目標にしています。

・授業の導入などで行うことで，辞書引きへの意欲が低下することがなく，高まります。そのため，休憩時間に友だち同士で早引き対決をしたり，一緒に辞書を引いたりしている様子が見られます。

第5章
ゲーム化で沈滞した学級を子どもが乗ってくる学級にする

1 朝の会までをゲーム化して全員にこにこ

　子どもたちが登校して，朝の会が始まるまでの時間は，ゴールデンタイムです。

　教師と子どもたちの関係を深めること，奉仕活動などに進んで取り組むことなど，様々に仕組むことができます。

　また，子どもたちは登校後すぐということもあり，学校モードにまだまだ切り替わっていない子もいます。子どもたちの「素」の部分が見える時間であり，だからこそ子どもたちの成長を促すことのできる時間です。

　その時間を使わない手はありません。

1　朝からミッション

　私の学級の朝の核になっている活動が，「朝からミッション」です。

　「学級のみんなにあいさつをしましょう」などと黒板に書いていても，子どもたちの反応は鈍いです。そのうち，書いてあることすら見なくなります。

　しかし，「ミッション」として書いてあり，行ったことに対する称賛があることで，子どもたちは教室に来るなり，「今日のミッションは？」と楽しみにするようになります。

　右のように，内容は様々です。ただ，子どもたちにしてほしいことやできるようになってほしいことなどを，ミッションとして取り上げています。

　また，内容を読んでいただいて分かるように，簡単なものと難しいも

（今日のミッションの例）
・教室に落ちているゴミを 5 個以上拾おう。
・学級の 15 人以上とあいさつをしよう。
・学級全員とあいさつをしよう。
・学級の 4・5・6 月生まれの人とハイタッチあいさつをしよう。
・隣のクラスの 10 人以上とあいさつをしよう。
・自分より下の学年の 10 人以上とあいさつをしよう。
・シューズやものなど，ずれているものを揃えよう。
・学校の中の気づいた所をそうじしよう。
・○○くんとじゃんけんをしよう。
・連絡帳を最高の字で書こう。
・全校朝会は他の学級よりも早く行こう。
・全校朝会で他の先生に「5 年 1 組すごい」とほめられよう。

のがあります。4 月頃は，簡単な内容ですぐに取り組めるものにします。3 月が近づくにつれて，高学年だと全校の手本になることや他の友だちの協力が必要な内容など，レベルを上げます。

　さらに，ミッションを行うことで，子どもたち同士がつながるしかけをしています。いきなり，「○○くんとハイタッチしておいで」と言っても抵抗を示します。男女だとなおさらです。しかし，ミッションというゲームの中で行うことで，自然に取り組みます。そして，気がついたら男女関係なく握手をしたり，遊んだりするように成長をしています。

　次ページのイラストは，5 年生の子が 1・2 年生の机を片づけている様子です。私の勤めていた学校では，大掃除の時，机を廊下に出しておきます。そして放課後，教師がワックスを塗ります。そのため，次の日登校すると子どもたちが机を教室へ入れるところからスタートです。

　高学年はすぐに終わるのですが，低学年にとっては大仕事です。時には，担任の先生が見に来られていないこともあります。

この日は,

> 昨日は大掃除ありがとう。学校全体のためにできることはないか
> な?　気づいたら取り組んでみよう。ただし,レベルが超超超高いよ。

とミッションを書いていました。そして,下のイラストのような姿が見
られたので,写真を撮りました。

　もちろん,この写真を使って学級では大いにほめました。ミッション
として取り組んでいますが,低学年の子たちから「ありがとう」と言わ
れヒーロー扱いをされました。子どもたちは,大喜びです。

【やり方】

①　子どもたちが登校するまでに,黒板に「ミッション」を書いておき
　ます。

②　朝,子どもたちが登校すると,ミッションに取り組みます。

③　ミッションを達成すると,教師に報告に来ます。

④　報告に来ると,「ありがとう」「すごいね」などとほめ,シールを1
　枚あげます。

⑤　子どもたちはシールを,連絡帳に貼ります。

【ポイント】

・子どもたちの成長度合いや様子を見ながら，ミッションを考える必要があります。難易度が高すぎると，子どもたちが取り組まなくなるからです。

・はじめて「他のクラスの10人以上の子とあいさつをしよう」などのミッションを出す時には，「レベル高いぞ!!」などと一言書いておきます。そして，朝の会などで「今日，ミッション達成した人，起立。レベル高いのにすごい」などと大いにほめます。

・教師に報告に来ることも，大切なポイントです。報告に来るということで，朝から教師とコミュニケーションをとることができます。そして，その場でフィードバックをすることができます。さらに，子どもから教師に話しかけに来るので，教師が子どもを呼んで話すよりも，子どもたちの心は開けています。そこで，「昨日の休み，何してたの？」など会話を膨らませていき，子ども理解に生かします。

・「学校の中の気づいた所をそうじしよう」などのミッションは，1人ずつ取り組みが変わってきます。朝の会などで，「どこをそうじしたの？」などと尋ねて，「学校の顔なので下駄箱を掃除しました」などの意見に「すごいね」と価値づけます。さらに，「どこをそうじしたらいいかな？」と，一人ひとりの考える力を高めること（自己表現）にもつながります。

・連絡帳にシールを貯めることが，子どもたちのプライドになります。

② 朝の会までペアで勝負

　朝の会までにすることは，意外とたくさんあります。私の学級だと，あいさつをする，宿題を提出する，連絡帳を書く，荷物の整理をする，これらは毎日必ずすることです。これに加えて，上の「ミッション」が

あります。

　特に，「宿題を提出する」や「荷物の整理」などは，朝の会までにできていないとスタートが気持ちよく切れません。ともすれば，「早くしなさい」と叱ってスタートすることになりかねません。

　そこで，隣の席などペアの友だちとテーマを決めて，勝負をします。

【やり方】

①　前日の帰宅前にペアで勝負する内容を決めます。

②　登校をして，先にできた方が勝ちです。

③　負けた人は，「負けたよ。今日もよろしく」と言います。

④　勝った人は，「ありがとう。今日もよろしく」と言います。

⑤　朝の会の中で勝った人を立たせます。そして，拍手を贈ります。

【ポイント】

・テーマをペアで決めるというところが，ポイントです。登校する時刻に差がある場合があります。勝負のテーマが，「宿題提出」なのに，片方の子が登校した時にはもう1人の子が終わっていたら，勝負をする気が失せます。そこで，「あいさつを先にした方が勝ち」などにすると，登校する時刻は関係ありません。自分たちで決めさせることで，意欲が高まります。

・やり方もすごく単純です。子どもたちは，勝負が大好きです。勝ったから何があるわけでもないですが，「勝負」「ゲーム」というだけで，やる気になってくれます。そして，負けた子から「今日もよろしくね」ということで，お互いの仲も深まっていきます。さらに，もう1人の子の提出物が遅れていると，「早く出さないと」とペアの子が声をかけてくれることもあります。勝負の内容以外にも，友だちに関心を示すきっかけとなります。

2　朝の会をゲーム化して気持ちよく始めよう

なぜ，朝の会を行うのでしょう？

私は，

・朝の会を行うことで学校モードへ切り替えるため

・子どもたち一人ひとりの様子を観察するため

・1時間目の授業に向けて心も体も準備をするため

に行っています。

「やらないといけないから」という理由だけで行っていると，子どもたちもそれなりの姿しか見せてくれません。

　子どもたちの気持ちを学校モード，そしてやる気モードに切り替えるためにも，ゲーム化して気持ちよく1日をスタートしましょう。

1　朝の会をゲーム化

　行っている朝の会の内容は，①あいさつ，②健康観察，③係から，④先生の話と，どの学校，学級でもそんなに違いはないと思います。ただ，一つひとつを行う際に，私は上に書いた朝の会の目的を意識しながら，取り組んでいます。

①　ハイタッチあいさつ

　まず，班のメンバー全員とハイタッチあいさつを行います。次に，学級全員とハイタッチあいさつを行います。最後にあいさつリーダーの子が，「今日も笑顔でがんばりましょう」と声をかけます。

　学級全員でハイタッチあいさつを行っている時に，自分からあいさつ

に行っている子や一人ぼっちになっている子に声をかけに行っている子を見逃さずに，ほめます。

　また，4月と数ヵ月後のあいさつの様子を映像におさめておきます。そして，2つの映像を見比べさせて成長を実感させます。

②　健康観察―返事ゲーム―

　子どもたちの様子をしっかり見とるためにも，教師が呼名をします。子どもたちには，しっかりと返事をさせます。しかしここで，「返事が小さい。やり直し」と指導をしていると学級の雰囲気が重くなります。

　そこで，「返事ゲーム」を取り入れます。私の勤めている学校では，男女別の出席順です。そのため，男子の健康観察が終わった時に女子の1人を無作為に指名します。そして，「男子の返事，合格？」と尋ねます。そして，合格であれば女子の健康観察を行います。不合格だと，原因になっている子や男子全員をやり直しします。

　「返事ゲーム」であり，子ども同士の指摘なので，雰囲気が重たくなることはありません。むしろ，子どもたちの笑顔が広がります。ゲームを1ヵ月もしていると，「合格」が当たり前になります。

　もちろん，体調が悪くて返事が小さいなどは，やり直しの対象外です。

③　係から

　係活動については，あとで紹介をします。（第5章－4）朝の会などで，「係から」で手を挙げる人が全くいないということは，ありません。

　子どもたちは，学級全体に呼びかけたり，相談をしたりするので，たくさんの子が手を挙げます。係からの表彰があったり，感謝の言葉があったり，温かいものです。

④　子どもが笑顔になる先生の話

マイナスの話は，しないように心がけています。朝見つけた子どもたちのよさをほめたり，うれしかった出来事を三択クイズにしたりしています。

何より短く，そして子どもたちが笑顔になるように気をつけています。

（三択クイズ）

朝のみんなの様子を見ていて，すご〜くうれしかったことがありました。次の3つのうち，どれでしょう。

①　Aくんが，「友田先生，おはようございます」と名前をつけてあいさつをしてくれた。

②　ある女の子が，先生をにらみつけながらあいさつをした。

③　先生の奥さんが，笑顔で「いってらっしゃい。」と見送ってくれた。

3　ゲーム化して進んでしたくなる宿題に

　4月には，なぜ宿題がでるのか，宿題をする必要があるのかなどを子どもたちと話し合います。

　「自分自身のため」「将来のため」と意見が出てきます。多くの子どもたちが理解をしています。だからと言って，「やってきなさい」ではなく，子どもたちがやりたくなるようなしかけを教師が行っていくことも必要ではないでしょうか。

1　音読達成シールを表紙に貼ろう

①　1回読んだら○を●に!!

【やり方】

① 　教科書を音読するとします。題名の横に，○を10個書かせます。

② 　音読を1回したら，1つの○の中を塗って●にします。

③ 　10個すべてが●になったら，教師に申告に来ます。そうすると，1枚シールがもらえます。（10回ごとに1枚渡します。）

④ 　もらったシールは，教科書の表紙に貼ります。

⑤ 　1週間経った頃に，「10個●になった人立ちましょう」と言います。そして，拍手を贈ります。

【ポイント】

・子どもたちは，音読を1回するごとに，○が●に変わることに達成感を感じます。読んだことへの即時フィードバックになります。

・もらったシールを教科書の表紙に貼ることが，「他の子に負けたくない」という気持ちにさせたり，「こんなに読んだ」という成長の可視化になったりします。

②　○×クイズ

「①　1 回読んだら○を●に !!」の実践をすると，内容の理解ではなく，回数にこだわりサラッと読もうとする子が出てきます。いわゆる，質より量を求める子です。やる気を持っていることは認めたいと思います。しかし，内容も理解をしてほしい。そこで，行うのは「○×クイズ」です。

【やり方】

① 　新しい物語文などを初めて読んだ日などに，「明日の授業の最初に○×クイズを行う」ことを告げます。

② 　次の日の授業で，物語文を読んでいたら分かる○×クイズを出します。

③ 　正解者を立たせ，拍手を贈ります。そして，「どうして○か」理由を言わせます。

【ポイント】

・授業の時にクイズに正解をするというのは，内容を理解しているという証です。正解をすることが，「しっかり音読できているよ」というフィードバックにもなります。さらに，「たった 1 日で，こんな内容も理解しているの」という称賛演出にもつながります。

・子どもたちは，○×クイズが大好きです。音読が苦手な子も，「授業の最初にクイズがあるから」と音読に意欲を持って取り組みます。

・子どもたちの中には，「1 回読んだら○を●に !!」のように量にこだ

わるのが得意な子もいます。一方で，量を読むのは苦手だけど深い読み，つまり質にこだわって音読するのが得意な子もいます。「○×クイズ」を行うことで，どちらの子も認めていくことに，つながります。

2 漢字ノートに上限のない評価を

【やり方】

① 宿題を丸付けした後に，評価を書き込みます。私の場合は，A→すごい，B→まあまあ，C→やり直しです。ただ，AA や AAA など，子どもの取り組み方によって上限がありません。

② A に対して，シールを1枚表紙に貼ります。AA は2枚，AAA は3枚。

③ 頑張っていたノートや前日と比べて成長を感じたノートを紹介したり，コピーして掲示をしたりします。

④ 時にはシールの多い子を発表し，頑張りをみんなの前で認めます。

【ポイント】

・丸付けをするだけではなく，評価を書くことがポイントです。子どもたちはノートを返されるとすぐに，ノートを開いて評価を確認しています。それぐらい，気になるのです。そして，その評価が即時フィードバックにもなります。

・評価が A・B・C の三段階ではなく，上限がないというところがポイントです。頑張れば頑張っただけ評価が付くので，子どもたちは「さらに上を」とやる気になります。

・AAA が付いた友だちを知ると，「どうしたら AAA をもらえるのだろう」と能動的に考えるようになります。やらされている宿題ではなく，どうやったら内容を深められるか，さらには漢字を覚えるための学び

になるかを追究するようになり
ます。そして，自分が取り組め
そうなこと・やってみたいこと
にチャレンジするようになりま
す。（自己表現）

・上の写真は，5 年生のある子の
漢字ノートです。1 冊が終わる
と，表紙はシールでいっぱいに
なります。実は，裏表紙にも
貼られています。ノートを使い
終わった後も，子どもたちは大
切に保管をしています。それは，
日々ノートにシールが増えてい
くことで自分の成長を可視化し
ているからです。そして，使い
終わった後のノートが学びを深
めてくれた宝物になっているか
らです。

・漢字ノートをあけると，下の写
真のようにマス目の中だけでは
なく，あいているスペースも使
って漢字練習をしています。こ
のような隙間がなく漢字を練習
しているノートを「耳なし芳一
ノート」と呼んでいます。（奈
良県・土作彰氏のご実践を参考
にしています。）さらに進化し

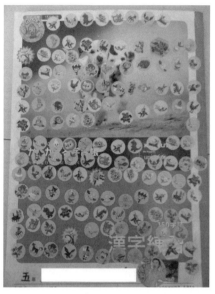

シールでいっぱいの漢字ノートの表紙

耳なし芳一ノート

115

てくると，白い紙にも漢字を書いてノートに貼っていたり，国語辞典で意味を調べて紙に書いたりする子も出てきます。

3 自楽（自主学習）のすすめプリント

【やり方】

① 鳥取県・西村健吾先生のご実践を参考に，右ページのような「自楽のすすめ」というプリントを使い，自主学習の進め方を説明します。

② 説明の後どんな学習を自分はしたいか，「自楽のすすめ」を参考に考えさせます。

③ 考えた後に15分間時間をとり，その場で取り組ませます。

④ 15分で行った自楽ノートを机の上に開いて置かせ，友だちがどんな学習をしているか見て回り，勉強をさせます。

⑤ 次に，自楽ノートを集め，家庭で行ってきた自楽を，教師が評価します。

⑥ 他の子の手本にしたい自楽を印刷して，学級全体に紹介します。

【ポイント】

・私の自主学習は，「自楽」です。自分自身が楽しみながら行えるようにさせています。ただし，食事をとる時に「デザート」ばかり食べすぎると糖尿病になるように，学びもバランスが大切なことを話します。

自楽タワー

自楽のすすめ

　自楽は，自分自身が学びを楽しみながら行うものです。楽しみながら力をつけていけるように，毎日ノート1ページ以上学びを進めていきましょう。

【自楽メニュー】

【炭水化物】	【ビタミン】	【たんぱく質】	【デザート】
→エネルギーを補給する ＝基礎・基本を身につけるための自楽	→調子を整える ＝学びを整理したり弱点を補強したりする自楽	→新しい知識をつくる ＝習ったことを活用したり新たなことを追究したりする自楽	→主食・主菜・副菜＋α ＝自分自身の興味のあることを楽しみながら学ぶ自楽

【自楽メニューの解説と例】

【炭水化物】
→エネルギーを補給する
＝基礎・基本を身につけるための自楽

メニュー	例
①漢字ドリル	漢字練習を繰り返し行う
②計算ドリル	計算練習を繰り返し行う
③意味調べ	国語辞典で意味を調べる
④都道府県暗唱	都道府県名を暗記する
⑤ローマ字	ローマ字の読み書きの練習

【ビタミン】
→調子を整える
＝学びを整理したり弱点を補強したりする自楽

メニュー	例
⑥ノートまとめ	授業の内容をまとめる
⑦テスト＆プリント直し	再度問題にチャレンジ
⑧苦手問題に挑戦	授業での問題に再挑戦

【たんぱく質】
→新しい知識をつくる
＝習ったことを活用したり新たなことを追究したりする自楽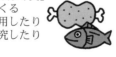

メニュー	例
⑨自作問題	自分で作った問題に取り組む
⑩新聞記事紹介	新聞で気になった記事の紹介
⑪詩・作文創作	自分で作ってみる
⑫問題集	問題集に挑戦する
⑬追究学び	授業の内容を発展する

【デザート】
→主食・主菜・副菜＋α
＝自分自身の興味のあることを楽しみながら学ぶ自楽

メニュー	例
⑭マイブーム紹介	はまっていることを紹介する
⑮絵・イラスト	丁寧に真剣に描こう
⑯好きなこと追究	好きなことを深めよう

・漢字の学習同様，上限のないプラス評価をします。

・1冊ノートを使い終えると，教師が裏表紙に一言メッセージとイラストを描きます。そして，1冊使い終わった学級全員のノートを「自楽タワー」として積み上げていきます。ちなみに，私の勤務校の教室の床から天井までは約2m50㎝ありましたが，1年間でタワーが2つになりました。（116ページ写真参照）学級全員で「自楽タワー」をつくることは，自分たちの成長が目に見えたり，「天井までめざそう」という目標になったりもします。

・下のイラストのように，一番多い子は1年で約80冊使いました。自楽で感じた成長が，この子の様々な場での成長にもつながります。

4　係の仕事をゲーム化して楽しくする

　私の学級には，当番活動と係活動があります。当番活動は，毎日行う仕事が１人に１つあります。当然集団で生活をしているので，自分自身のことだけではなく，集団のために１つは仕事をしないと，集団が機能しません。例えば，日付を変えたり黒板を消したりする仕事です。

　もう１つが，係活動です。これは，毎日の仕事ではありません。学級をさらに楽しくしていくために，行っていく活動です。例えば，週に1,2回の学級遊びを計画するレクリエーション係や誕生日をお祝いするハッピーバースデー係です。

　ここでは，係活動をさらに盛り上げていくための「ゲーム化」を紹介します。

❶　今月の MVP 係選出！

【やり方】

① 月末に「学級がさらに楽しくなるために頑張っていた」と思う係について，多数決を行います。

② １人１回挙手を行い，一番多かった係に「MVPシール」を渡します。もらったシールは，連絡帳の表紙など子どもたちはそれぞれのお気に入りの所に貼ります。

③ 来月さらに頑張るために，係での話し合いの時間をとります。

【ポイント】

・取り組みに対して，評価をしてもらうことはとっても大切です。特に

頑張っていた係にとっては，多数決でMVPに選ばれることはとってもうれしいことです。しんどいことでもありますが，当然活動を行っていない係は，誰にも挙手をしてもらえません。誰にも挙手してもらえないことで，「次こそは」という気持ちにもなります。

・MVPが決まった後にすぐ話し合いの時間をとることで，さらなる工夫がうまれてきます。例えば，週に1回学級遊びをレクリエーション係が考えていたとします。そこで「さらに楽しく」ということから，誕生日の人が遊びを決めることができる「○○くんデー」を作り，学級遊びをするなど，考えを深めていきます。こういう工夫は，さらに学級の雰囲気をよくしたり，子どもたち同士のつながりを深めたりします。

5　給食準備をゲーム化してスピーディに

　給食準備の時間は，授業でもなく休憩でもなく教師にとっても子どもにとってもどっちつかずの時間だと意識されているように感じます。そのため，給食準備の時間も教師の指導の時間であるにも関わらず，ノートの丸つけの時間などになっていることが多いようです。また，給食当番でない子は，読書をするなどと決まっていても，廊下で遊んでいることもあります。

　しかし給食当番は，進んで働く子や仲間への思いやりなどを育んでいくのに，ぴったりの時間です。給食準備をゲーム化して，子どもたちに力を付ける時間にしましょう。

❶　最速タイムに挑戦

【やり方】
① 　給食準備を行う目標タイムを話し合います。
② 　給食準備の開始と同時に，教師はタイマーをおします。
③ 　給食準備の終了と同時に，タイマーをおします。
④ 　新記録が出た時には，「いただきます」の前に，学級全員で牛乳で乾杯をします。
⑤ 　最速タイムと日付を黒板の端に，教師がメモをしておきます。

【ポイント】
・タイムを測るというと何とも単純ですが，効果てきめんです。目標タイムにチャレンジをするという「達成可能な目標」と，どんどんタイ

ムが早くなってくるという「成長の可視化」がさらに子どもたちをやる気にさせていきます。

2　最速タイム挑戦状

【やり方】

① 他の学級に挑戦状を送ります。内容は，「私たちの学級は，給食準備がとっても早いです。あなたの学級と勝負をしませんか？」などです。

② 期間を決めて，最速タイムで競います。

③ 勝ったクラスが決めた遊びで，休憩時間に合同で遊ぶことを勝者の特典にします。

④ 合同で遊んだ最後に，「あなたたちのクラスには，かないません」と負けたクラスは言います。

【ポイント】

・タイムを競いますが，食器や食べ物を大切に扱うなどの指導は丁寧に

行います。

・対戦相手が出てくることで，子どもたちはより一層やる気が出てきます。そして，子どもたちが中心となって「どうやったら早くなるか」など能動的に考えるようになります。

・勝者の特典は遊びを決められることです。勝負したことをきっかけに仲が深まる内容にすることをお勧めします。そして，遊びの終わりに，無理やりではなく遊び心を入れながら，「あなたのクラスには，かないません」と言うことで，勝ったクラスはうれしくなります。あまり本気で言わせると，負けたクラスと勝ったクラスの関係が悪くなります。あくまで，仲を深めるきっかけです。

・同学年より，異学年の方が盛り上がります。高学年は負けまいと，下学年は勝とうと意気込みます。

③　自分たちの成長，いくつ見つけられるかな？

【やり方】

①　4 月頃の給食準備の様子を動画で撮影をします。

②　6 月頃に再度，給食準備の様子を動画で撮影をします。

③　4 月と 6 月の給食準備の様子を比較します。

④　比較して自分たちの成長をいくつ見つけられたか発表をします。

⑤　一番多くの成長を見つけられた子が，チャンピオンです。

⑥　たくさん成長をしている自分たちのクラスに拍手して，喜びを共有します。

【ポイント】

・子どもたちは，自分自身のことは分かっているようで分かっていません。自分たちの様子を見ることは，「即時フィードバック」にもつな

がります。当然，動画の中で自分自身はどのような動きをしているか
注目をします。そこで，よい動きをしていたらうれしくなります。反
対に，ふらふらしていると，恥ずかしくなります。

・また動画を見ることで，成長を可視化することができます。そして成
　長を実感できると，「もっとこうした方が……」という改善点を意識
　することができます。

・動画のよさは，何度も見ることができることです。そして，途中で止
　めることができます。動画を見た後に，「よい動きをしていると思う
　友だち」を発表させます。そして，どんな動きだったかを学級全体で
　確認をすることで，次に給食準備をする時に真似する子が出てきます。

・以前担任していた子どもたちの動画を見せることも，効果的です。自
　分たちが行っていない工夫などにも気づくことができ，レベルアップ
　につながります。

・「成長をたくさん見つけられた子がチャンピオン」というゲームをす
　る中で，自分たちの成長や改善点に目を向けさせることができます。

6　リーダーの仕事をゲーム化してやる気・自信アップ

　自分から進んで仕事に取り組む子どもたちに育てていきたい，誰もが思うことです。では，「高学年だから仕事をやりなさい」という声かけで，子どもたちは動くでしょうか？

　ここでも，ゲーム化を取り入れながら，やる気を高め，さらに一人ひとりの自信を高めていくことで，成長を促します。

① ちょこっとボランティア隊　※高学年対象

　応用していただければ，学級版としてもご活用いただけます。

　ちょこっとボランティア隊（以下，ちょこボラ隊）は，学校のために，自分にできる少しのことをボランティアとして行い，学校のスーパーリーダーになろうという取り組みです。

　少しでもよいから，人任せではなく「自分が学校をよくする」「ぼく・私はリーダーだ」という自覚と能動的な参加を促します。

　ボランティアの活動例としては，

・下駄箱を掃除すること
・落ち葉拾いをすること
・正門に立ち登校してくる子にあいさつをすること
・他学年が使うトイレのスリッパを揃えること
・ゴミを拾いながら登校をすること

など様々あります。長い時間を要する仕事などではなく，「ちょこっと」の時間でできる仕事です。

　ただ，1枚落ち葉を拾って，「ぼくは，ちょこボラしました」と胸を

張って言うことは，違うように思います。そのため，ゴミ拾いとスリッパ揃えなどを合わせてもよいから，5分くらい活動したら1回したとカウントすることにしています。

【やり方】

① 子どもたちに「ちょこボラ隊」について説明をします。

② 子どもたちの行っている「ちょこボラ」を写真におさめておき，紹

介をします。

③　子どもたちは，どんな「ちょこボラ」をするか自分で決め，1回「ちょこボラ」を行ったら，左ページのシートに色を塗ります。

④　20回・35回・50回達成したら，教師に申告します。

⑤　規定回数を達成した子どもたちには，認定書を贈呈します。

【ポイント】

・自分にできることを考えて活動させることで，「ゴミを拾いながら登校するなら，私でもできる」など達成可能な目標設定ができます。そして，それぞれのオリジナリティーが表現できる場にもなります。

・「ちょこボラ」を行ったら，先に掲載したシートに色を塗ります。これが，即時フィードバックになります。

・20回でブロンズ隊，35回でシルバー隊，50回でゴールド隊として，認定をします。

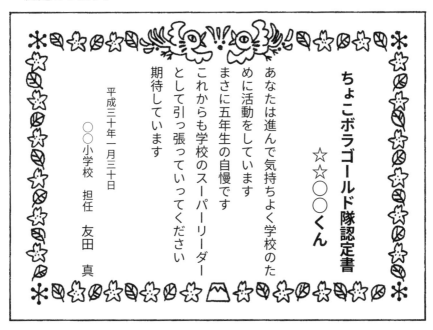

ちょこボラゴールド隊認定書

☆☆○○くん

あなたは進んで気持ちよく学校のために活動をしています

まさに五年生の自慢です

これからも学校のスーパーリーダーとして引っ張っていってください

期待しています

平成三十年一月三十日

○○小学校　担任　友田　真

・「ちょこボラ隊」は，学年全体で取り組む活動のため，「ゴールド隊」の認定だけは，学年全体の前で行います。これも，称賛演出になります。

【さらなる称賛演出】

　「ちょこボラ隊」は，自分の学級や学年についての活動ではなく，学校全体についての活動をします。そのため，他学年の子や先生方も活動する様子を見かけます。先生方から，「あいさつのお手本になってくれているなんて，すごいね。ありがとう」や「朝から掃除をしてくれてありがとう」などと声をかけられます。さらには下級生の子が，「かっこいい」などと言ってくれます。子どもたちにとっては，賞状よりこちらの方がうれしいかもしれません。

　また下のイラストのように，廊下の掲示板に誰が何隊か分かるように掲示をしておきます。当然，ブロンズ隊よりもシルバー隊。シルバー隊よりゴールド隊の所へ自分の写真が貼ってあるとうれしくなります。子どもたちは，ゴールド隊めざして意欲的に活動に取り組みます。

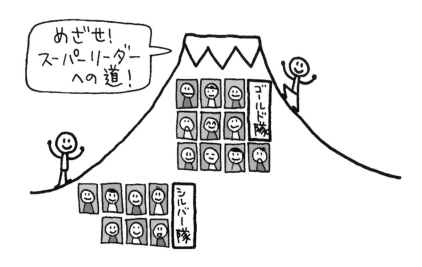

【ゴールド隊昇進試験】

　ゴールド隊になる時だけは，面接試験を設けます。しかも，意地悪なことを聞きます。

　例えば「ゴールド隊になったら，もうシートに色を塗ることもありません。そして，もう活動をしなくてもゴールドになったままです。明日からあなたはどうしますか？」と聞きます。すると，子どもが「ゴールド隊をめざしていくうちに，みんなのために働く大切さを学んだので明日からも続けます」と答えます。そして，実際に次の日も活動を続けていたら，認めます。

　やはり，「ゴールド隊」になることがゴールではありません。自分から人のために働くことの大切さなどを，感じとってほしいと思っています。そのため，先にあるものを私たち教師も見据えて指導を行っていかないと，子どもたちもそれなりにしか力がつきません。

　それでも，ゴールドになって気を抜く子がいます。そういう時には，相撲の横綱のことを話します。横綱になると，降格することがありません。しかし，勝てなくなる時はやめる時です。それと同じで，「ゴールド隊」になっているのに周りから，「あの人名前だけだ」と思われるのは恥ずかしいことだと伝えます。

　そのためにも，廊下に顔写真入りで掲示されることは，子どもたちのプライドにもなっているようです。

7 ゲーム化して1日のめあてに意欲的に取り組む

1 レベルアッププロジェクト

めあてを決めて，1日を送っている学級は多いと思います。ただ，めあてが美辞麗句を並べただけになっていては残念です。

決めたからには，子どもたちが意識して過ごす。そして，できたなら学級の成長として価値づけることが必要になってきます。

1日のめあてもゲーム化することで，子どもたちの意識は高まり，成長を実感することができます。

【やり方】

① 学級委員などを中心に，今自分たちがレベルを上げていきたいと思うことを話し合わせ1日のめあてを決めさせます。

② 1日のめあてが決まったら，黒板などに書いておき意識をさせます。

③ 帰りの会で，達成できたかどうか（判断基準は【ポイント】の2項目を参照ください），振り返ります。

④ 達成できたら，次のめあてを決めて取り組みます。

⑤ 達成できためあては，短冊に書き教室に掲示しておきます。教師が貼った後にみんなで達成を喜んで，お互いにハイタッチをします。

【ポイント】

・めあてを決める際に，教師から「次のレベルアッププロジェクトは，授業時間を守ろうだよ」と言うのでは，効果が低いです。子どもたち

自身で話し合わせることで，能動的参加がうまれてきます。そして，よりめあてを意識をします。

・次のめあてに行くためには，3日連続で達成することが条件です。その際に，全員で3日連続となると厳しいです。もちろん，「全員で」ということは意識することですが，弊害もうまれてきます。特別な配慮が必要な子も，学級にはいます。また，いつも決まった子ができず，学級としてめあてを達成できないと，その子どもが責められることなどが考えられます。そこで，3名まではできていない子がいてもOKとしています。30人学級だとしても，9割の27名できていれば，よいです。

これらの基準で，3日連続で達成できれば，そのめあてはクリアをしてレベルアップしたとします。

・帰りの会で振り返りをしています。達成できた時には，学級全員でハイタッチをしたり，拍手をしたりします。

・下のイラストのように，達成できたことは短冊に書いて掲示をしておきます。短冊の数が増えていくことは，子どもたちの成長の可視化にもつながります。もし，達成できたことがまたできなくなっている時は，「あの時達成したのに，できなくなっているよ」と示しながら，注意をすることもできます。子どもたちは，「あっ」と思い改善をしていきます。

8 転入生ともゲーム化して関係を深める

① 3日目に名前を覚えてもらったかゲーム

　転入生は，学級に新しい風を吹かせてくれます。それと同時に，転入生を迎えることは，学級を高めていくよいチャンスです。

　はじめのうちは，新しい友だちが来たということで，ほとんどの子が関心を示しています。転入生は，たくさんの子が話しかけてくれても，名前を覚えられません。そして気づいたら，何度も話しかけてくれていた同性の決まった子だけとのつながりになっていってしまうことが多いのではないでしょうか？　場合によっては，誰ともつながりを持てず，孤立してしまうこともあるのではないでしょうか？

【やり方】

① 　転入生を学級で紹介した後に，「3日目に名前を覚えてもらったかゲーム」をすることを告げます。

② 　授業などで面白い発言をしたり，ほめる場面などがあったりすると転入生に向けて，「今の賢い発言をするのが，りょうたくんだよ」などと言い，印象づける手立てをします。

③ 　帰りの会などで，転入生に向けて何人くらい覚えられたか尋ねたり，自分からコミュニケーションをはかっていた子などを認めたりしていきます。

④ 　3日目に，名前を覚えてもらったかゲームをします。転入生がみんなの前に立ち，1人ずつ学級の仲間の名前を言っていきます。

⑤ 　全員の名前を言えたら，みんなで拍手をします。

⑥　記念に集合写真を撮ります。

【ポイント】

・転入生も自分に対してたくさんコミュニケーションをとってくれた子
　は，名前を覚えます。また，印象的な自己紹介や出来事などがあった
　子は，すぐに覚えられます。

　しかし，あまりコミュニケーションをとってくれない子は，覚えられ
　ません。転入生から，周りの子にコミュニケーションをとりにいくこ
　とは，ハードルが高いことです。

　そのため，3日目に転入生に名前を覚えてもらったかゲームをするこ
　とを告げます。そして，覚えてもらっていなかったら，転入生が悪い
　のではなく，覚えてもらうように関わりに行かなかった自分自身や，
　印象的な自己紹介ができなかった自分が悪いことを伝えます。

・上記のことを学級全体で押さえておかないと，「転入生の○○さんは，
　自分のことを覚えてくれない」と責めるきっかけにもなります。しか
　し，「覚えてもらえなかったら自分の責任」ということを確認するこ
　とで，子どもたちは趣向を凝らしたアピールを行っていきます。

・3日目学級全体の前で「覚えてもらったかゲーム」をする前に，教師
　は転入生に覚えられているか確認をしたり，忘れている時にはゲーム
　の最中に少しヒントを出したりするなどの配慮も必要です。そして，
　ゲームを終えた後には，「学級の仲間になった」という一体感がクラ
　スにうまれます。

9　帰りの会をゲーム化して気持ちよく下校

　朝の会同様，帰りの会を「他の先生たちもやるから……」などの安易な思いで進めていたら，子どもたちが伸びる場になりません。

　1日の終わりの大切な時間です。私は，「次の日も学校に来るのが楽しみ」と子どもたちが感じたり，笑顔で下校したりすることができる時間にしたいと考えています。

1　帰りの会をゲーム化

　私は帰りの会は，①1日の振り返り，②みんなから，③今日のMVP，④先生の話，⑤あいさつというメニューで行っています。

　各メニューについて，紹介をしていきます。

①　1日の振り返り

　前に紹介をした「レベルアッププロジェクト」が達成できたかを，振り返ります。

　詳しくは，「レベルアッププロジェクト」（第5章-7，130頁）においてすでに書いておりますので，そちらを参考にしてください。レベルアッププロジェクト自体が，ゲーム化されています。そのため，達成できたらみんなで喜び合う時間にもなります。

　「めあてができなかった」と，できなかった子を責めたり，学級をマイナスの空気に包み込んだりするのではなく，「できた」という気持ちを持たせる振り返りになるように気をつけています。

②　みんなから良いこと発表

ここでは，一人一役や係活動，子どもたちからの気づきなどを発表していきます。

「○○さんに嫌なことをされました」などマイナスなことではなく，学級をよくしていく気づきや係などからの表彰があったりします。

ただ，長くならないようにしています。子どもたちは，帰りの会は早く終らせて，帰りたいと思っています。長々と話し合いをしたり，連絡事項があったりするのは，ふさわしくありません。

そのため，私の学級では帰りの会の「みんなから」では，端的に済ませるようにさせています。

もし，レクリエーションの遊びを何にするかみんなの意見を聞きたい場合などは，昼の会というのを設けています。

昼の会は，給食時間の後半に設けています。ご飯を食べながら，進めていきます。

先ほどのレクリエーションのように，みんなで話し合いたいことを話し合ったり，クラスのクイズ会社（係）などからの出し物をしたりします。

③　今日のMVPの発表

友だちから認めてもらうことは，うれしいことです。1日の中で，輝いていたと思う人を子どもたちが順番で決めていきます。

選考ポイントは，決める子（日直など）に任されています。そのため，自分自身を助けてくれた子をMVPにする子もいれば，授業の中で間違ったことを発表したその後もめげずに発表していた子を選ぶ子もいます。

選考ポイントが違うことで，様々な子が選ばれます。

MVPを決める子が，「今日のMVPは……」と言うと，「ジャカジャ

カジャカ」とみんながドラムロールを口にします。そして，発表された子には拍手が贈られます。さらに，ＭＶＰシールが贈呈されます。

　子どもたちにとっては，このＭＶＰシールは自慢です。連絡ノートなどに大切に貼っています。さらに，家に帰り保護者に自慢するものになっています。

④　先生の話と最後にゲーム

　先ほども書きましたが，教師の話も端的に終わらせます。内容は，教師が見つけたクラスや個人のよさを話します。笑顔で下校をしてほしいので，マイナスなことを話すことは，めったにありません。たとえ話しても，子どもたちは次の日には忘れています。もしどうしても話す必要があるのであれば，次の日の朝，その日の成長につながるように話をします。

　もし，他の学級と下校時刻を合わす必要がある場合は，ここでゲームをして帰ります。

　子どもたちは，この時間を楽しみにしていてくれます。１日の中で叱ることがあったとしても，最後にゲームをすると，子どもたちは笑顔になります。

⑤　あいさつの後はじゃんけん

　帰りのあいさつをするのは，ＭＶＰを決めた子（日直など）です。クラス全員に順番が周ってきます。「さようなら」のあいさつをした後に，じゃんけんをします。

　子どもたちは，じゃんけんが大好きです。勝っても負けても，笑顔で下校をしていきます。

著者紹介

友田　真

　1984年広島県生まれ。現在広島県公立小学校勤務。徹底反復研究会などに所属。著書に『子どもたちの心・行動が「揃う」学級づくり』(黎明書房),共著に『担任必携！　学級づくり作戦ノート』『学級担任に絶対必要な「フォロー」の技術』『厳選102アイテム！　クラスをつなげる「ネタ」大辞典』(以上,黎明書房)『教える 繋げる 育てる 授業がクラスを変える！　学級づくりの3D理論』(明治図書)などがある。教育雑誌に執筆多数。

　「子どもたちのやる気に火を点け,可能性を伸ばす」ことを教育哲学に,実践にあたっている。

イラスト・山口まく

授業_{じゅぎょう}や学級_{がっきゅう}づくりを「ゲーム化_か」して
子どもを上手_{じょうず}に乗_のせてしまう方法_{ほうほう}

2018年4月30日　初版発行	著　者	友　田　　　真
2019年2月10日　2刷発行	発行者	武　馬　久仁裕
	印　刷	藤原印刷株式会社
	製　本	協栄製本工業株式会社

発行所　　　　　　　株式会社　黎明書房_{れいめいしょぼう}

〒460-0002　名古屋市中区丸の内3-6-27　EBSビル　☎ 052-962-3045
FAX 052-951-9065　振替・00880-1-59001
〒101-0047　東京連絡所・千代田区内神田1-4-9　松苗ビル4階
☎ 03-3268-3470